Bajo el mismo cielo

Diego Cuéllar

KOLIMA
BOOKS

Título original: *Bajo el mismo cielo*

Tercera edición: Diciembre 2016
Reedición: Abril 2018
© 2018 Editorial Kolima, Madrid
www.editorialkolima.com

Autor: Diego Cuéllar
Dirección editorial: Marta Prieto Asirón
Diseño de cubierta: Sergio Santos Palmero
Maquetación: Carolina Hernández Alarcón

ISBN: 978-84-16994-75-5

–Oye papá, ¿alguna vez te has preguntado qué estamos haciendo aquí? ¿Para qué hemos venido a este mundo? –Parecía una pregunta más, una de esas preguntas retóricas que todos nos hacemos alguna vez y que, si no contestamos de alguna forma, reventamos. La respuesta automática es también retórica: «para trabajar, porque Dios así lo quiso, quizás para ayudar a los demás o simplemente para contemplar la vida pasar y se acabó. Simple, sencillo, ¿para qué si no? Vivimos para vivir, sentir, amar y sufrir».

Por supuesto que me lo he preguntado –contesté–. Muchas veces en los últimos años. Pero, ¿sabes? Tengo una respuesta. Yo estoy aquí, como tu madre, porque vosotros nos habéis elegido. Y no podemos ser más afortunados ni estar más orgullosos de tener el extraordinario honor de disfrutar la vida a vuestro lado.

*A mis hijos Álvaro y Eva,
la razón más noble de este mundo*

INTRODUCCIÓN

Diego Cuéllar nos ofrece en este libro un testimonio personal y familiar tan lúcido como emotivo, destinado a ayudar con su lectura a quienes puedan enfocar, en situaciones parecidas, lo realmente positivo que hay detrás de la discapacidad.

En su experiencia familiar hay dos casos del síndrome X-frágil, la segunda causa de retraso mental en varones después del más conocido síndrome de Down. Esa experiencia, que el autor nos narra en todo su proceso, desde el conocimiento traumático de un diagnóstico que golpea cruelmente a la familia, duplicado después, conlleva todo un desarrollo de frustraciones y expectativas, de dolor y esperanza, de decisiones que se van amoldando no ya a la aceptación de lo que tiene de desgracia, sino a lo que se abre como una positiva revelación de otras vidas, una suerte de transformación en el propio sentido de la existencia familiar.

Los hijos son así un hallazgo y, mucho más allá de cualquier tipo de resignación, cristiana o de cualquier otro ámbito moral, poco a poco concentran el extraordinario honor de disfrutar la vida a su lado.

La confesión de Diego Cuéllar, escindida entre el relato directo y la recopilación del diario que puntúa los hechos de su vida familiar y profesional, no tiene otro fin que el de poder iluminar a quienes, en situaciones parecidas, se sientan desorientados.

En los dos espacios narrativos hay elementos suficientes para que la confesión obtenga un grado muy provechoso de ejemplaridad y, por esa vía, de consuelo y aliento.

Se trata de una experiencia difícil, en la que la lucha personal está interceptada por muchas barreras sociales, incomprensiones y desafueros. En la narración de Diego está presente la denuncia y la reclamación sincera, la tenacidad y el reconocimiento generoso, eso que podemos entender como una odisea poco amparada en un mundo de valores trastocados y desatenciones egoístas.

La verdad y la emoción son las dos vías de un relato estricto y necesario, que cualquiera puede leer como reivindicación de lo más noble del corazón humano.

Luis Mateo Díez
Miembro de la Real Academia Española

PRÓLOGO

Apuntes del diario

Todos los días lo veía en el mismo sitio. Quieto, con la mirada perdida en el infinito, como si quisiera atravesar el Universo y observar lo que hay detrás. No era exactamente guapo; algo en los rasgos de su rostro le hacía diferente al resto del mundo. Sin embargo, su mirada emitía un brillo especial: penetrante, limpia y lúcida. Se giró de repente y se fijó en mí. Me sentí estúpido y bajé la cabeza avergonzado, cazado en mi curiosidad. Cuando me recuperé y le miré de nuevo, sus ojos aún seguían clavados en mí. Mantenía la más pura expresión de la inocencia. Me sonrió.

Comencé a escribir sin motivo aparente. No esperaba nada, simplemente me puse en marcha frente al ordenador, sin un objetivo concreto, sin orden ni estructura, sin musa, como sólo hacen los malos escritores. Hacía años que había empezado un diario, esporádicamente, coincidiendo la mayor parte de las veces con mis innumerables viajes de trabajo por Europa.

El avión me inspiraba. Disponía del tiempo y la quietud necesarios para pensar, amparado en la soledad que permite la delicia de volar en clase *business*. El desconocido vecino, en la distancia de su asiento de en medio, no tenía posibilidad de escudriñar en mis quehaceres y la obligación de ser cortés desaparecía tras el saludo inicial. «Buenos días», y se acabó.

Casi todo el pasaje encorbatado de la clase de lujo trabajaba concentrado sin cesar en sus negociaciones, *emails* o leyendo la prensa económica, aprovechando y arañando al tiempo su valor. Tras la cortina, un mundo multicolor se apretaba los codos adecuándose a la postura más cómoda sin intimidad alguna. Pero no yo, que decidí que ese tiempo era mío, privado y precioso, y lo empeñé en escribir mi diario, en cada vuelo, a veces a la ida, otras a la vuelta. Pensé que sería el momento adecuado de recoger todo aquello vivido tan intensamente y unirlo, eternizarlo en mi memoria y, quién sabe si algún día, compartirlo con otras personas.

Aprovechando un pesado y tedioso período de enfermedad que me mantuvo tumbado un par de semanas, decidí ponerme manos a la obra. Estas palabras serían para mí, para mi llanto interior. Pretendía sellar con negra sangre las emociones más íntimas, mis pensamientos, lo sufrido y lo disfrutado en un camino que se acercaba ya al medio siglo, y en el que irremediablemente comenzaba a sentir la necesidad de relajar el lastre de las pesadas cargas de la existencia y disfrutar un poco más de lo mundano, de lo verdaderamente importante: de mi familia, de mí mismo, de mi tiempo. En lo más profundo de mi corazón deseaba además poder ayudar a alguien, quienquiera que fuese, en esos momentos de desesperanza en los que ni siquiera los consejos mejor intencionados sirven de nada sino, muy al contrario, atizan la desazón.

No podía empeñarme en contar mi vida. No hubiese sabido por dónde empezar. Era más práctico ceñirse a los límites concretos de un periodo que había supuesto un punto de inflexión: un momento en el que el trayecto se detiene y encuentra un nuevo rumbo. Entre otras muchas cosas porque el trazado de mi vida, como muchas otras alrededor, no ha sido excepcional. Nada que destacar excepto recuerdos grabados en la penumbra de la memoria, ráfagas intermitentes que a veces aciertas a congelar y disfrutar por una fracción de segundo. Un olor familiar, una cara, un sonido, una voz, un lugar...

Nací y crecí en una familia de clase media acomodada, y presumo orgulloso y sin equívocos, de ser feliz rodeado del cariño de una gran familia: cinco hermanos, mis padres, a quienes nunca agradeceré lo suficiente su incondicional sacrificio por educarnos en libertad, mis abuelos, protegidos en un privilegiado rincón de la memoria de mi infancia, y toda la parentela de tíos, primos, sobrinos, etcétera, que de una forma u otra generosamente me regalaron momentos inolvidables.

Aún puedo verme testigo de las divertidas carreras por los anchos pasillos, por el laberinto de los estremecedores cuartos oscuros y secretos de la fresca y lúgubre casa de mi abuelo José, Pepe, como era conocido ese hombretón fuerte, rudo pero adorable, curtido bajo el sol de las arcillosas tierras extremeñas, teñidas del color de la sangre de quien con tanto esfuerzo las trabaja. Jugábamos de niños a escondernos por los graneros, bodegas y caballerizas donde el dulce olor del trigo se mezclaba con la acidez de la uva fermentada y el inconfundible hedor a madera vieja de los excrementos de las asustadas gallinas y las pacientes mulas.

Admiraba especialmente al primo Antonio, quince años mayor que yo, con su penetrante olor a hombre trabajado en el campo, al que recuerdo ufano en su pequeño laboratorio de química en el *doblao* –que así es como llaman en esas tierras al desván, por doblar la casa por encima– que olía a azufre y ácidos de todo tipo. Era un santuario de brujería donde nos estaba prohibido tocar nada y donde el primo nos enseñaba pequeñas y mágicas fórmulas mezclando ingredientes pipeteados de decenas de botes de colores mientras disfrutaba, iluminada su sonrisa por los polvorientos rayos del sol que se colaban por el ventanuco bajo el que descansaba la mesa, con el asombro reflejado en nuestros inocentes e infantiles ojos.

Corrían tiempos en los que el clan familiar adquiría una relevancia especial y la frecuente reunión se tornaba intensa y deseable. Un interesante contraste con los tiempos actuales en los que ya no hay diferencia entre roles: los abuelos repiten paternidad y los padres parecen abuelos, niños con dos padres o dos madres o tal vez con uno solo, o ninguno. Vivimos en una sociedad que presume de libertades pero que, en ese afán liberador, ha olvidado los auténticos valores de la familia y no contempla ni resuelve el terrible impacto que ocasiona en la educación de nuestros hijos. Un modelo en el que las distancias cortas parecen insalvables mares y los encuentros escasean a causa de una vida social insípida o de un trabajo absorbente que actúa como un agujero negro que nos engulle se lentamente. Aunque siempre nos quedará el consuelo de *Facebook*, una ironía tecnológica capaz de multiplicar nuestras amistades por millares y de las que podemos llegar a conocerlo todo pero sin verdaderamente interesarnos por nada.

Mis padres, como muchos otros padres de la posguerra española, tuvieron que emigrar de su pueblo natal para optar a una vida digna, buscando las oportunidades que el momento histórico podía ofrecer. Tantas y tantas maletas de madera salieron de los pueblos en busca de sueños anhelando una vida de futuro y progreso. Tantos y tantos triunfos y tantos y tantos fracasos. Afortunada generación la mía, que ya tenía un sitio privilegiado reservado en la línea de salida.

Han pasado catorce años desde que inicié mi diario. Desnudé mi pluma un 12 de marzo de 2001 y comencé a escribir en un feo cuaderno marrón que rondaba por mi mesa de despacho, esperando paciente a que alguien le diera uso o lo archivara en el olvido permanente del reciclaje. Y lo hice sin otra intención que la de hablar conmigo mismo en los momentos más difíciles de mi vida.

Suelo cargar con mi duelo yo solo; no me atrae involucrar a los demás en lo que considero profundamente mio, no tanto por miedo o vergüenza, sino porque tengo la firme convicción de que todos debemos afrontar nuestras propias circunstancias con la valentía suficiente para salir adelante. Cierto es que, a veces, esa carga es demasiado pesada, y por más que la arrastras, lejos de desprenderse se va pegando más y más a ti hasta que ya no puedes continuar y sucumbes al desaliento, abatido y abrumado por el lastre de la amargura.

Escribir significó en esos años tener una espita por donde escapaba la hiriente presión que oprimía mi pecho y a menudo nublaba mis ojos. Hoy, ese cuaderno con casi todas sus hojas descarnadas es uno de mis más preciados secretos. En él atesoro lo que no soy capaz de expresar con palabras. Guarda con celo mis lágrimas, mis miedos, mi esperanza, mi amor y mi alegría. Contiene una parte importante de mi vida, episodios que he vivido con la intensidad del huracán, en una soledad tan calmada y propia que he tenido vetada incluso a quien la ha vivido conmigo, mi esposa y compañera, Ana. La única persona a quien confiaría mi vida si tuviera que hacerlo.

1

Vive tu propia vida. Quiero decir, vive allí donde estás, tal como eres, con lo que tienes, con los que estás. Procura apoyarte en la situación en que te encuentras y trata, al mismo tiempo, de adaptarte. No puedes escapar.

Swami Prajnanpad

Apuntes del diario. Marzo de 2001

Nunca pensé que pudiese ocurrirme a mí. Un día te levantas por la mañana, y antes de acabar la tarde, te das cuenta de que todo en tu vida ha cambiado. Las sensaciones son indescriptibles. Innumerables sentimientos se agolpan en tu cabeza, la colman impidiéndote pensar, buscar una luz en medio de la más absoluta oscuridad.

La vida ofrece muchos caminos. Algunos de ellos son elegidos, otros simplemente son capricho del destino. Están ahí para ti y no importa si su trazado es recto o torcido, hay que recorrerlos de igual forma. Lo importante, lo verdaderamente importante, es darse cuenta de que la fuerza del ser humano crece ante la adversidad, que los límites se estrechan y que sí, es posible superar cualquier obstáculo si la voluntad, la fe y la constancia lo permiten.

Hace pocos meses mi hijo mayor, Álvaro, fue diagnosticado con el síndrome X-frágil, la segunda causa de retraso mental en varones después del bien conocido síndrome de Down. El golpe fue terrible. Y cuando parecía que salíamos de la niebla en la que nos habíamos sumido, con la mirada más alta pero con los ojos aún vidriosos, nos arrolla el rodillo de la desgraciada mala fortuna con la noticia de que también Eva, nuestra hija, porta y padece el llamado síndrome X-frágil.

Nunca olvidaré el 19 de febrero de 2001. Vivo en Las Rozas, en una zona residencial de una localidad situada a las afueras de Madrid. Un luminoso chalet adosado que antes perteneció a mi tío Paco y que vendió a mi padre después de sufrir un ictus cerebral que le obligó a dejarlo todo y retirarse al Sur, donde el destino no le dejó vivir todo lo que merecía y, después de sufrir un segundo ataque, finalmente dejó viuda y cuatro hijos a la temprana edad de cincuenta y cinco años. En mi salón cuelga una lámpara de alabastro que nos regaló el día de nuestra boda. Es el recuerdo permanente de mi tío, que me hace sonreír cuando la miro y guarda su recuerdo y el de la alegre familia que durante años habitó este hogar.

Aquella mañana bajaba a trabajar absorto en mis pensamientos que en todos esos días no eran otros que el devenir de Álvaro. Era una mañana fría pero radiante, anticipando el color de la primavera que asomaba en los primeros brotes, húmedos y brillantes por la suave caricia del sol sobre el rocío. Como casi todas las mañanas mi trayecto era lento, un coche detrás de otro en procesión asemejando afanosas hormigas en busca de su sustento diario. A menudo recordaba con una sonrisa torcida, a modo de mueca de la fortuna, el futuro que había preparado para mi hijo incluso antes de que él naciera. Resulta irónico cómo hacemos planes para los demás sin ni siquiera haberles consultado, sin recabar su opinión o sus sentimientos sobre ese destino «ideal» que, antes de que den el primer paso, ya les estamos prometiendo.

Para abstraerme escuchaba música melancólica pues ése era mi estado de ánimo. Las noticias no me animaban y los problemas cotidianos del trabajo habían sido desplazados a otro plano, como si ya nada de eso tuviese la menor importancia. Se me emborronaba continuamente la vista, pero sólo durante una fracción de segundo, pues como bien me enseñaron cuando era niño, los hombres no lloran, y yo he llorado muy pocas veces en mi vida. Tan pocas que casi no las recuerdo.

A las ocho y media de la mañana el atasco en la A6 se encontraba en pleno auge. Una serpiente multicolor con ojos soñolientos, acostumbrados ya a la rutina diaria de la espera para llegar al trabajo, ajenos todos a las circunstancias cotidianas del conductor contiguo. Hacía ya varios meses que conocíamos el diagnóstico de Álvaro y, por supuesto, estábamos haciendo pruebas a todos los miembros de la familia. La genética es caprichosa y puede llegar a ser cruel pero es el sello de nuestra existencia y, al menos en el estado de la ciencia actual, tenemos que aceptarla tal como se nos presenta. No era suficiente con que Álvaro hubiese heredado el antipático gen FMRP-1, sino que hubimos de comprobar su procedencia. Primero Ana y yo nos hicimos los análisis genéticos pertinentes, y así descubrimos que venía de la rama familiar de ella y que Ana era la única de los tres hermanos que había heredado el fatídico cromosoma.

Mentiría si ocultase que sentí alivio. El peso del sentimiento de culpabilidad es difícil de soportar, así es que sí, me sentí descargado. En muchos momentos me acordaba de mi querido primo Antonio, un corazón torturado pero grande como un sol que en su locura acabó con su vida una calurosa tarde de verano; o de otros casos en la familia que desde edades muy tempranas mostraban signos de rareza. Tal vez por eso mi mente me torturaba engrandeciendo sus problemas como si quisiera convencerme, acaso para tranquilizarme, de que efectivamente yo era el portador. Pero no me atrevía a preguntar hasta ver con mis propios ojos los resultados de las irrefutables pruebas genéticas. Estoy seguro de que Ana soportó ese yugo, atado con espinas a su cuello, durante años sin lamentarse, simplemente asumiendo su responsabilidad en soledad, sobrellevando la gravedad de la carga que la conciencia te obliga a soportar.

Pero el tiempo borró esa huella; aprendió a trabajar su cuerpo y su mente y decidió que nuestros hijos eran un regalo de Dios, y a partir de ahí, se dedicó a ellos en cuerpo y alma.

Por aquel entonces yo trabajaba en una gran multinacional norteamericana. Era un directivo global, con una trayectoria brillante y prometía ser un buen candidato a las grandes oportunidades que la esclavitud de una carrera profesional de esas características puede proponer. Conducía un coche de lujo, recién estrenado, y tenía un despacho grande y luminoso, aunque en los últimos meses todo eso no significaba nada para mí. En mi cabeza sólo había espacio para Álvaro.

Afortunadamente, su hermana, Eva, parecía fuera de dudas. Quince días antes, durante una reunión del equipo de dirección en Toledo, mientras repasábamos aburridas presentaciones logísticas, mi móvil comenzó a vibrar y culebrear encima de la mesa. Al identificar el número me levanté de un respingo y salí a toda prisa arrastrando la silla tras de mí ante la sorpresa de todos los allí presentes. Con una disculpa casi imperceptible abandoné la sala para atender la llamada que tanto tiempo llevaba esperando. Los días anteriores, como buen ejecutivo, había presionado a la genetista responsable de las pruebas de laboratorio para que me informase, en cuanto tuviese algún resultado, de las realizadas a mi pequeña Eva, que por aquel entonces contaba con tan solo siete meses de edad.

—No podemos ir más rápido Diego —decía ella—. Las pruebas genéticas no son simples análisis de sangre. Son complicadas y llevan su tiempo.

Es cierto, pueden tardar hasta dos meses y yo era sabedor de ello, pero aun así todas las semanas insistía en pedir —eso sí, muy educadamente—, un poco de celeridad. Tanto me obstiné que finalmente conseguí la complicidad de la doctora quien prometió enviarme avances tan pronto como los recibiese. Mi presión obtuvo su resultado en la llamada de ese día.

—Diego, la prueba más compleja ya está hecha. La segunda prueba es para confirmar, pero te puedo asegurar que Eva no está afectada por el síndrome X-frágil.

—¿Estás completamente segura? —pregunté con una emoción contenida difícil de disimular.

—Al noventa y nueve coma nueve por ciento. Enhorabuena —resolvió para no dejar lugar a la duda.

Cuando volví a la reunión, después de un millón de agradecimientos y besos por el teléfono móvil, como si de ella dependiese mi vida, mi cara lo decía todo. Mi jefe, un hombre tosco pero sensible y al tanto de la situación, supo inmediatamente a cuento de qué había salido corriendo y ese día la comida de empresa fue una celebración en mi honor.

El 19 de febrero coinciden también el cumpleaños de mi hermana Arancha y el santo de mi hijo Álvaro. Una casualidad del destino o una señal del cielo para que aquella fatídica mañana quedase sellada para siempre en nuestras memorias. Una llamada me sacó de la ensoñación mientras conducía: era la doctora Luisa Román. Contesté, pues el tráfico era muy lento y casi no me movía, al tiempo que un instinto oculto me decía que algo iba mal.

—Buenos días doctora, ¿qué pasa? —pregunté notándome de repente acelerado. No era una llamada esperada y un mal presagio cruzó mi mente a toda velocidad, anticipando algo que bien sabía no deseaba escuchar.

—Tienes que venir al laboratorio. Tengo que hablar contigo. —Su voz sonaba seria y quebrada, pero más profesional que otras veces, sin tono de amistad.

—¿Pero dime, es algo...?

—Ven y hablamos. —Sin darme tiempo a terminar la pregunta concluyó y colgó el teléfono. Hasta creí notar como se derrumbaba en el sillón detrás de su mesa.

Mi cuerpo se tensó, clavé las uñas con rabia en el volante hasta que me dolieron los dedos y apreté la espalda contra el duro asiento del coche. En mi cabeza se agolparon todos los fantasmas que venían acechándome días atrás y que casi había conseguido espantar mientras rebuscaba como un autómata entre todas las posibilidades que mi naturaleza analítica me permitía, y rechazaba la única que no quería creer, convencido, no obstante, de que aquella llamada era la antesala de una indeseable noticia. En segundos cambié mis planes: salí por Moncloa hacia Madrid y me dirigí directamente al laboratorio molecular, situado en la calle de Alfonso XII, justo frente al parque del Buen Retiro donde, en una avenida de castaños y olor de primavera anticipada, los bustos de los históricos reyes españoles parecían cabizbajos y tristes a mi llegada.

Salté del coche, que dejé aparcado en el carril del autobús con los cuatro intermitentes crepitando sin parar sin importarme las consecuencias, y entré a toda prisa en la consulta. Pregunté por el despacho de la doctora saltándome la cola de gente que pacientemente esperaba su turno y me dirigí al final del pasillo. No llegué a sentarme. Desde el quicio de la puerta, mientras avanzaba hacia ella, pregunté:

—Dime Luisa, ¿qué es? —Luisa era una genetista joven y en ese preciso momento me pareció quizás hasta demasiado joven para tanta responsabilidad. De su rostro había desaparecido cualquier atisbo de la sonrisa que en otros momentos empleara para animarnos. Con gesto serio me miró a los ojos y me dijo sin vacilar:

—Eva tiene el síndrome X-frágil. El segundo test ha sido positivo.

Caí, como un elefante abatido por un tiro certero. Me sentí pesado, mi cabeza se estrujaba confirmando lo que hacía rato me negaba con escasa convicción. Buscaba una salida y descargué toda mi rabia sobre la doctora responsabilizándola de haber hundido a mi familia, de sembrar una esperanza para después cercenarla de un seco golpe de guadaña.

—Espero que te sirva de lección y lo pienses dos veces antes de llamar con una noticia así. ¡Me dijiste noventa y nueve coma nueve! —sentencié apretando los dientes contra la coma, ahondando en su conciencia con toda la furia acumulada. La vi llorar, pese a su vano intento de mantener la compostura. Salí de allí a toda prisa herido en lo más profundo, negando una realidad que era ya un hecho.

Llegué a casa destrozado. No sabía cómo decírselo a Ana, ni cómo reaccionaría ella ante semejante noticia. Un hijo discapacitado es algo que nunca esperamos, pero dos... ¡Dios mío! En la escalera, sentado con la mirada perdida en el suelo, esperé a que Ana saliese a recibirme. Estaba en la cocina, a un paso del recibidor, pero no me atreví a entrar para evitar que notase el temblor de mis piernas. Cuando salió y me vio allí, triste y cabizbajo, se extrañó. Le pasé las pruebas sin levantar la cabeza.

—Eva también es X-frágil. ¿Qué vamos a hacer? —dije.

Se desplomó a mi lado con cara de incredulidad, sin poder articular ni una palabra. Y nos abrazamos en silencio. Un silencio cortante y triste, pesado, profundo.

Unos días después llamé a Luisa para ofrecerle una disculpa sin seguridad de que pudiese servir de algo. Quise rectificar pero el daño ya estaba hecho. Le hice saber que mi reacción había sido injusta e injustificada. Que en el fondo de mi egoísta corazón no había duda de que ella no era responsable de nada. Que fue mi cansina insistencia la que la obligó a adelantar acontecimientos para justificar el ansia de esperanza que yo insistentemente imponía. En su entrecortada respiración me pareció percibir una sensación de alivio y comprensión a pesar de su silencio. Creo que la doctora Román recogió mis disculpas. Ya nunca supimos más de ella.

A partir de aquella experiencia el escepticismo se instaló en mi vida para siempre. Apelo una y otra vez a la ley de Murphy: «si algo puede salir mal, saldrá mal», y no he vuelto a aceptar un «casi seguro» por respuesta cuando existe algún tipo de riesgo de por medio. Todas las puertas deben cerrarse, no hay lugar para la duda.

2

*Los hechos no son horribles. Lo que es horrible es
querer eludirlos, darles la espalda y huir.*
KRISHNAMURTI

Vivimos días muy difíciles. El desconsuelo únicamente se tornaba ilusión cuando mirábamos a nuestros hijos, ajenos a nuestro dolor. Álvaro contaba tan sólo con tres años de edad, mientras que Eva sumaba ocho maravillosos meses. No entendían nada, no podían entender nada, pero estoy convencido de que en aquellos días nos transmitían fuerza con su inocente mirada, con la pureza del que no ha tenido tiempo de conocer este mundo, restando importancia a la tristeza impregnada en el ambiente con el deseo de dar paso a la felicidad y encontrarle un hogar para siempre.

Durante días traté de aparentar la normalidad del que no asume cambios en su vida. En el trabajo disimulaba mi pesar encerrándome en mil quehaceres diarios, que como directivo de uno de esos gigantes multinacionales, no me daban respiro para pensar en nada más. Sin embargo, la pegajosa sombra de la pena iba ganando terreno y cierto día, cuando ya no pude más, rompí a llorar con tal desconsuelo que me vi obligado a salir del despacho a toda prisa, tratando de evitar la compasión de las miradas furtivas de mis compañeros de trabajo. Me encerré en el baño donde, con las manos apretadas en mi cara, ahogué todas mis miserias entre temblores y profundos sollozos.

Un año después, trataba de expresar lo que sentí aquel día con el siguiente apunte:

Apuntes del diario. Marzo de 2002

Aquel día lloré como nunca antes lo había hecho. Encerrado en el cuarto de baño di rienda suelta a mis emociones, contenidas durante días. En pocos minutos, que me parecieron horas, lloré como si no hubiese derramado una sola lágrima en toda mi vida. Lloré hasta que se me secaron los ojos. Lo hice solo, escondido y acobardado –siempre me ha costado compartir mis sentimientos–, lo hice porque me lo pedía el corazón. «No lo dejes dentro –decía–, te consumirá el dolor».

Nunca supe si alguien entró en el baño durante mi trance pero si lo hizo jamás se atrevió a confesarlo. Cuando salí de allí, con los ojos hinchados e irritados de tanto frotarlos, fui directamente al despacho de mi jefe. Todavía hipaba y me temblaba el labio incontroladamente. Con voz entrecortada quise decir algo, pero Juanjo, con su peculiar estilo directo, me interrumpió:

–Vete a casa Diego. No vuelvas en una semana. Quédate con tu mujer y tus hijos y verás como todo se soluciona. No te preocupes de nada de lo que pase aquí. Te estaremos esperando. –Y, sin mediar más palabras, me dio una palmada en la nuca y me dejó marchar.

Hay gestos que hacen a los hombres dignos de su condición. Raras veces se tiene la oportunidad de mostrar humanidad en el irracional mundo en el que competimos, y ésta fue una de ellas. Juanjo era un jefe duro, pero tenía un fondo generoso, honrado y honesto, un *tête a tête* exquisito fuera del trabajo. Con una imagen forzada conscientemente era poco querido por sus formas y sus constantes salidas de tono. En el ascensor, un compañero lo inmortalizó una vez como a un pánzer alemán: seco, duro, inflexible. Incluso sus rasgos tensos recordaban a los de un oficial rubio, de fríos ojos azules y labios estrechos y rectos, como una línea trazada a lápiz en su rostro.

Pero también mostraba un lado divertido y humano, aunque era un privilegio del que sólo unos pocos disfrutamos. Yo nunca olvidé su gesto como nunca olvidé que siempre, en Navidad, me preguntaba por mi mujer, a quien tenía mucha simpatía, y por los niños. Y luego al trabajo.

Cuando fichó por otra empresa me permití aconsejarle sacar al Juanjo bonachón que mantenía escondido, dejarse querer un poco. Me miró, sonrió sin decir nada, y nos despedimos con un abrazo.

Aquella semana me debatía en una lucha interior descontrolada. Me sobresaltaron las más absurdas ideas como apartarme de todo para dedicarme por completo a los niños, dejarme crecer el pelo largo y con trenzas enmarañadas o todo lo contrario, cortarme la melena al cero. Todo ello, supongo, para empezar con otro yo, para salir de la cárcel de mi mente, para escaparme de la trampa interior en la que me encontraba sumido. ¿Debí haber visitado a algún psicólogo? Es posible, pero ya he mencionado antes que no me gusta contarle mis penas a nadie y, además, ¿eso no es para los pirados? No, de ninguna manera, de esa tenía que salir solo con la ayuda de Ana que bastante tenía ya, pobrecita mía, con llevar su propia cruz a cuestas para además cargar con la mía.

Los debates fueron intensos y profundos y al final de la semana ya teníamos una hoja de ruta preparada. Primero, convenía dar la espalda a la autocompasión. No existía razón para ello y ya estaba bien de ir arrastrando la pena por los rincones como fantasmas con sus negras bolas de penitencia a cuestas. Segundo, yo me dejaría de estupideces: mi trabajo me encantaba, siempre había sido así, y además mi holgado salario nos permitía una vida desahogada que en nuestras circunstancias se tornaba fundamental. Tercero, había que mantener la forma física para estar fuertes mentalmente. Instalé un pequeño gimnasio en el sótano con espaldera, colchonetas de estiramiento y un silencioso rodillo sobre el que coloqué mi bicicleta para entrenar diariamente. Cuarto, Ana, que con tanto esfuerzo había obtenido su licenciatura como veterinaria, decidió dejarlo todo para centrarse únicamente en los niños. Y debió ser muy difícil para ella porque adoraba su profesión tanto como los animales que trataba, y la ejercía con apasionada vocación. Finalmente tomamos una última decisión: no tener más hijos. No hubiésemos podido soportar que el azar hiciese caer la moneda una vez más por la misma cara.

Por mi parte resolví tener siempre presente la fragilidad de mis hijos y para ello me coloqué una pulsera de cuero en la muñeca. Cuando era joven solía llevarlas y yo mismo las hacía con un cordón de cuero negro que compraba en un oscuro taller de zapatos que olía a viejo y a betún, a dos calles de la casa de mis padres. Hacía mucho tiempo que me las había quitado y creí que sería la mejor forma de no olvidar nunca que mis hijos y mi familia constituían la piedra angular de mi existencia y que no podía fallarles de ninguna manera. Todavía hoy, casi quince años después, llevo siempre una en mi muñeca.

Cuando volví al trabajo mi talante era otro completamente distinto. Recuperé la sonrisa y me puse manos a la obra centrado en mis tareas y en mi equipo. Jamás en mi vida profesional encontré un equipo como aquél, compañeros y amigos que me ayudaron y me apoyaron en todo momento sin un sólo lamento, como un verdadero grupo: Amaia, Lola, Roberto, Toche, Mónica, Nicky y los Orioles catalanes. Todos ellos me permitieron superar mis miedos sin preguntas y sin quejas. A todos ellos les debo mi más sincero agradecimiento por haberme acompañado en silencio, por haber rendido al máximo incluso cuando yo no daba la talla, pero, sobre todo, por su excelencia personal, por su amistad y por su entrega.

Sin lugar a dudas, mi vida iba a cambiar para siempre. Ya nada sería igual y en aquellos momentos descubrí el auténtico sentido de la misma. En multitud de ocasiones me había preguntado qué hacemos en este mundo. La razón de la existencia es algo que se va destapando poco a poco, muy lentamente. Nos han enseñado a pensar únicamente en nosotros mismos: «estudia, fórmate para poder ser alguien y ganar el dinero suficiente que te permita una vida desahogada».

Envueltos en el materialismo del siglo que nos ha tocado vivir, todo se centra en uno mismo y lo que nos rodea; escasean las personas que luchan por los demás, que sufren con las penurias de quienes menos tienen. Vivimos en un mundo egoísta y egocéntrico y nos fijamos en los triunfadores de las portadas de las revistas sin rascar ni tan siquiera para ver que al otro lado existen los mismos temores, las mismas vergüenzas que la condición humana nos obliga a compartir. No nos damos cuenta de que la vida es caprichosa, que a veces el camino se tuerce y que el muro que queda delante se vuelve, de repente, infranqueable.

Apuntes del diario. 3 de mayo de 2001

Hay un momento en el que el paso de los días parece carecer de sentido: te levantas al amanecer, trabajas hasta el ocaso y caes rendido en la quietud de la noche para repetir la experiencia al día siguiente. Y así pasan los años, pensando que esa es la esencia de la vida. Afortunado si tienes trabajo.

Pero llega un punto en el que el significado de esa rutina deja de tener sentido, y el día que cae la barrera, te desmoronas como un castillo de arena a orillas del mar. Te preguntas si ésa es la vida que quieres o simplemente la que han elegido para ti. Te preguntas qué puedes hacer para cambiarla, para afectar con tus actos el camino de otros, para aprovechar tu suerte, tus estudios, tu energía y tu juventud.

Recordé las palabras del viejo maestro Miguel de Unamuno: «no hace el plan a la vida, sino que ésta lo traza viviendo. Sé su dueño y no su esclavo, porque la vida pasa y tú quedarás. Y no hagas caso a los paganos que te digan que tú pasas y la vida queda...»

¿Es la vida aquel camino que escogí como destino o es destino de la vida haber hecho este camino?

Decidimos vivir una vida plena, sin dejarnos abrazar por la melancolía, y nos comprometimos a dirigir nuestro destino según nuestros propios deseos. Y así lo hicimos, conscientes de que algún día nuestra huella sería imborrable.

3

*Preferimos aferrarnos a lo conocido antes que
afrontar lo desconocido; lo conocido es nuestra casa,
nuestros muebles, nuestra familia, nuestro trabajo,
así como nuestro carácter, nuestro saber, nuestra
celebridad, nuestra soledad, nuestros dioses.
En suma, lo conocido es esa pequeña entidad que gira
incesantemente alrededor de sí misma,
en los límites de su amarga existencia.*

KRISHNAMURTI

Apuntes del diario. 9 de marzo de 2002

Es curioso pensar en cómo, años atrás, había soñado con el futuro. Había construido mi particular castillo de ensueño, con la incertidumbre de quien no tiene claro sus derroteros, pero con la determinación y la ilusión de quien se sabe luchador y confía en sí mismo. Pero la vida no se puede planificar como se planifica un día de playa. Es mucho más compleja que eso, es una encrucijada de caminos destinados para cada persona que no puede ser planificada, en la medida en que no puede ser evitada. La vida te encuentra a ti, el momento no lo eliges tú.

Recuerdo la primera vez que oí hablar de genética. En el colegio, en clase de biología a la edad de 16 años, cuando casi nada me interesaba más que yo mismo, nuestra profesora nos habló del ADN, de las tripletas citosina-guanina-adenina, de las leyes de Mendel y de las excitantes implicaciones que los avances genéticos tendrían en nuestro futuro.

–¿Ácido desoxi... qué? Vaya puro que nos va a meter hoy la Angelines –le dije en voz baja a Waldo, mi eterno compañero de pupitre. Irónicamente también el mejor amigo de mi juventud e inseparable compadre de interminables empolladas se topó, años después, de frente con la adversidad y de la noche a la mañana se encontró luchando con una rara y cruel enfermedad, de origen desconocido, en su versión más agresiva. La esclerodermia sistémica difusa le envolvió en terribles dolores mientras su propio sistema inmunitario dañaba y destruía el tejido corporal sano de sus órganos externos e internos.

–Me han concedido un 40% de discapacidad, Diego. Parece que ya al menos hemos controlado los dolores y conozco la enfermedad. Sé a qué me enfrento y puedo luchar contra ella. Curiosa la vida, estoy igual o más feliz que antes –me dijo al otro lado del teléfono.

Traté de escudriñar en su tono algún atisbo de dolor o resignación, pero nada. Su voz potente y firme y su seguridad indicaban simplemente aceptación y ganas de seguir mirando a los ojos a su propia suerte, en una lucha sin cuartel por seguir viviendo una vida normal y feliz. Desconozco a dónde le arrastrará, pero la fuerza que me transmitió en la lejana frialdad del hilo telefónico se me antojó encomiable.

Aquel día de clase años atrás, de haber intuido lo más mínimo la repercusión que la genética iba a tener en nuestras vidas tres décadas después, quizás ambos hubiésemos prestado más atención.

A Álvaro se le ocurrió llamar a la puerta de este mundo un sábado, el mismo día en que yo comenzaba un programa de desarrollo profesional para directivos en una prestigiosa escuela de negocios. Significaba para mi carrera una oportunidad de proyección futura importante y, a la edad de treinta y tres años, con una familia en ciernes, eso implicaría mayores ingresos y nuevas posibilidades de crecimiento profesional.

«La formación es la clave del éxito», es un axioma del que fui consciente más tarde. Mi carrera universitaria se desarrolló más cerca de las partidas de mus que de las aulas, con el cigarrillo colgado de la comisura del labio y los ojos entornados por el molesto humo azul, mientras repartía las cartas. Pero tras dos años de MBA se me abrieron puertas en empresas a las que no hubiese podido optar de otro modo y comencé a considerar el conocimiento y la formación como herramientas imprescindibles para mi trayectoria empresarial.

Al despuntar el día, cuando ya me preparaba para salir hacia el IESE Ana me avisaba de que mi ruta era otra: el hospital.

—¡Joder, que empiezo hoy las clases! —Y ante el gesto torcido y la inquisitoria mirada de «tú-eres-tonto-o-qué-te-pasa» de Ana, recogimos todo lo necesario, que hacía semanas esperaba preparado en un rincón de la habitación, y no tardamos un minuto en salir camino del sanatorio.

El ginecólogo no lo vio tan claro y nos envió de vuelta a casa como un paquete en un destino equivocado, eso sí, con la encomienda de volver a presentarnos a la mínima señal de alarma. Solté literalmente a Ana con su gigantesco bombo en la puerta de casa y corrí a clase para no perderme nada importante, aunque ese primer día nada podía ser tan crucial. Por el retrovisor, mientras avanzaba, la vi entrar dubitativa, con un brazo sujetando la enorme barriga como si tratara de evitar, desafiando a la gravedad, que Álvaro se cayese de dentro, y el otro con la canastilla azul con sus necesidades imprescindibles dispuestas para la emergencia. Ni siquiera me bajé del coche.

Le sentaba bien el embarazo. Había cogido el peso justo, según mandan los cánones. Su piel se notaba tersa y suave, y su densa y negra cabellera brillaba como la crin de un purasangre. Cuando nos conocimos tenía sólo dieciséis años y poco tiempo después comenzamos a salir juntos gracias a una amiga común, que a modo de celestina nos embaucó una Nochevieja y consiguió unirnos para siempre. Ana era una excelente estudiante, segura de sí misma, con personalidad y fuerza. Su joven figura, modelada por años de atletismo, lucía esbelta y atractiva tras sus profundos ojos verdes y su rebelde pelo revuelto, cortado a modo de chico travieso. Todavía hoy mantiene el mismo porte elegante, algo majestuoso. El paso de los años no se ha cebado con ella. Conserva intactos su belleza y su atractivo, madurados, como el buen vino, a pesar de las cicatrices del tiempo.

Ana esperó a que yo volviese, notando ya contracciones, por no atreverse a interrumpir mi excitante comienzo de curso. Esa misma tarde tuvimos que ponernos de nuevo en camino y en la madrugada del domingo 26 de octubre de 1997, Álvaro llegó a este mundo en el hospital de La Zarzuela de Madrid. Supongo que es un tópico decir que fue un milagro, pero así es, y tener la oportunidad de presenciarlo en primera línea de fuego es un recomendable privilegio.

—¿Lleva la camiseta del Atleti? —fue lo único que acerté a decir nada más verle (hago un inciso para remarcar que me ha salido madridista, a pesar de los esfuerzos del abuelo y del tío por vestirle de rojo y blanco como manda la tradición familiar). Tantas películas donde todos se funden en tiernos abrazos, sollozos y moqueros, y eso fue lo más inteligente que se me ocurrió a mí.

El parto se adelantó dos semanas, como si el bebé quisiera asomar el mismo día de mi aniversario; pero los números ya se le atragantaban incluso antes de nacer y erró por tan sólo tres días. Ante nuestros ojos se agitaba un precioso niño, rollizo y hermoso, de profundos ojos castaños, grandes y expresivos, adornados con una divertida ceja derecha rematada en forma de pico que daba a su expresión un aspecto pillastre y algo enigmático. Su presencia llenó un pesado vacío con luz y alegría. Nuestra casa parecía demasiado grande para dos personas que pasaban la mayor parte de su tiempo fuera de ella. Por aquel entonces, al comienzo de nuestras carreras profesionales, Ana y yo trabajábamos a destajo y nos veíamos casi diariamente a la vuelta de la agitada faena, cuando ya la azulada noche ocupaba su lugar y las fuerzas se habían ido quedando en el camino. Álvaro ocupó ese espacio y con él comenzaron a cambiar nuestros hábitos y nuestras prioridades.

Su entrada en casa fue emocionante y triunfal. En mi fuero interno confiaba en que llegaríamos a ser una gran familia y Álvaro representaba el comienzo de la jubilosa tribu. Me crié con cinco hermanos y el calor de una prole de niños correteando a mi alrededor se me antojaba tan atractivo como necesario.

Todo estaba preparado con antelación para el feliz acontecimiento; habíamos acondicionado la casa y el cuarto infantil, recibía a nuestro hijo con los brazos abiertos, cargado de blandos y tiernos peluches en un intento de aportar calor y bienestar al frío y solitario espacio. Sin embargo, y a pesar de nuestros esfuerzos, Álvaro lloraba sin cesar, incómodo, mostrando cierta amargura y nerviosismo. Las noches eran terribles, siempre parecía intranquilo y Ana desfallecía. El bebe comía sin parar y el pecho parecía ser lo único capaz de calmarle. Pasamos muchas noches en vela, despertando cinco y seis veces sin entender el motivo que turbaba hasta el límite su frágil espíritu. Pasaron los meses y todo seguía igual. Nos quedamos sin nanas y acudimos al país multicolor de la abeja Maya, que se acabó convirtiendo en la canción de cuna oficial que, noche tras noche, repetíamos sin cesar subiendo y bajando los tres escalones, contados miles de veces, del segundo rellano de la casa, frente a la puerta de su habitación. El agotamiento era patente en nuestros inflamados y soñolientos ojos mientras Álvaro crecía feliz aunque acompañado siempre por un incompresible desasosiego que nos preocupaba y no acertábamos a entender.

Una madre siempre guarda una conexión especial con sus hijos, semejante a un invisible cordón umbilical que le proporciona información privilegiada, inaccesible para los demás. Hasta que Álvaro no tuvo tres años no supimos de la existencia del síndrome X-frágil, pero la intuición de Ana no dejaba de repetirle que algo no iba bien. El consejo experto de los médicos y pediatras siempre apuntaba hacia la inexperiencia de unos padres novatos excesivamente celosos e innecesariamente preocupados por su primer vástago. Como si fuese una escena repetida tantas veces en su docta vida, no se preocuparon de averiguar las causas reales del problema, sino que se limitaban a insistir una y otra vez en la estereotipada respuesta de que el niño ya haría esto o lo otro y que era inútil darle tantas vueltas.

Yo volvía a casa convencido de que tenían razón, de que la obsesión nos abrumaba y no dejábamos espacio suficiente al tiempo para demostrarnos que era simplemente eso, una cuestión de tiempo. Sin embargo, Álvaro era diferente y su madre lo sabía y me lo repetía con dulzura, sabiendo que algún día tendría que aceptarlo.

Hay tan sólo un mes de diferencia entre Álvaro y su prima, María. Las comparaciones eran inevitables y se tornaban dolorosas en ocasiones. Con tan sólo dos años, Álvaro mostraba una clara hipotonía muscular, un lenguaje casi inexistente y una dependencia tan pronunciada, que únicamente su madre o yo podíamos estar con él. Como si separarse de nosotros se tratase de un castigo cruel, jamás se acostumbró a la guardería, ni a los cuidadores, ni siquiera a los tíos y abuelos que tanto le querían y asistían sin dar crédito a tanta necesidad de tener cerca a los padres.

Al finalizar la baja maternal de Ana, justo antes de incorporarse de nuevo al trabajo, contratamos una cuidadora. Álvaro contaba solo con cuatro meses pero ya intuíamos que no se lo pondría fácil a nadie y comenzamos un riguroso proceso de selección. Así llegó Marian a nuestras vidas. Inicialmente como una trabajadora más, pero hoy es parte de la historia de esta familia.

De origen melillense, Marian es una mujer menuda de manos fuertes y aguerridas, ásperas por el duro trabajo. En su rostro se dibuja una sonrisa simpática y confiable, rebosante de ilusión y alegría. Una trabajadora incansable y comprometida como pocas personas he conocido y que, por encima de todas las cosas, adoraba a Álvaro. Casada con un tímido marroquí, Said, no tenía hijos, y quiso al nuestro como si del suyo se hubiese tratado. Antes de nacer Eva, ya decía con guasa que sería imposible que fuese tan guapa como Álvaro. Lo cuidó aquellos primeros años con un cariño infinito, como después haría con Eva, y se convirtió en la única persona, además de nosotros, capaz de calmar el incontrolable estado de ánimo de Álvaro. Gracias a ella encontramos momentos de descanso en la dureza de los días. La hemos aceptado como uno más de nuestra familia.

Marian se hace mayor con nosotros, encargándose de nuestros hijos y de las tareas del hogar. Tan sólo una vez desde entonces decidió dirigir su camino hacia otros menesteres. Pero unos meses después volvió y se quedó para siempre.

En un caluroso dos de julio del verano de 2000 nació Eva. Como todos los años, veraneábamos en La Cabrera, en la casa de campo que mis suegros construyeron a las afueras de Madrid. Nos disponíamos a dormir.

—Diego, me parece que he roto aguas —dejó caer Ana como un mazazo cuando yo ya tenía un ojo cerrado y empezaba a flirtear con Morfeo.

—¡No me fastidies Ana! ¿Ahora? —Supongo que es un mecanismo de defensa ante los nervios de un parto inminente, pero reconozco que mi comentario no fue acertado ni delicado y, ante la estupefacta cara de Ana, la historia se repetía. Saltamos de la cama al coche y de allí al hospital donde, retomé mi sueño a pierna suelta mientras Ana se batía en duelo con las dolorosas contracciones previas al parto.

A Eva no le debió gustar mucho lo que vio al asomar la cabeza a este mundo, porque en plena noche, cuando incluso el zumbido de un mosquito hubiese perturbado el caluroso silencio de toda la planta neonatal, de aquel pequeño cuerpo surgió un llanto atronador, capaz de poner en pie a todo un ejército ante un imprevisto ataque enemigo. Y al ver que ni con el primer biberón que le ofrecieron podían acallar tal estruendo, la trasladaron de urgencia a la habitación de la madre para ver si, teta en boca, podían devolver la quietud y el silencio al amodorrado hospital. Tardó un buen rato en calmarse, mientras una gota de sudor frío recorría sin prisas la frente de Ana hasta agotarse en su mejilla. Callada y pensativa (ya tenía sobrada experiencia con Álvaro), rezaba para que la niña conciliase el sueño mejor que su hermano, mientras mi suegra Maruja, restándole importancia, trataba inútilmente de tranquilizarla asegurando que ya se le pasaría.

Menuda y preciosa, con los ojos muy abiertos, Eva llamaba la atención ya desde la cuna. A la edad de tres años mi *cascaritas*, como me gustaba llamarla, podría haber arrasado en cualquier concurso de belleza infantil. Con el tiempo, al calor del sol, sus enormes ojos azules se transformaron en esmeraldas con destellos de miel, capaces de enredar a cualquier extraño que la mirase. Sin embargo, como contrapunto a tanta belleza, su carácter mostró desde un principio el mismo argumento de su hermano: un llanto profundo, desgarrado, hambriento y angustiado. Eso sí era llamar la atención.

Despertábamos y compartíamos las noches en vela, cuidando de uno y de otro, convenciéndonos, cada vez más desesperanzados, quién sabe, de que aquello era normal, que todos los padres atravesaban el mismo calvario y que, más pronto que tarde, la situación se normalizaría.

Al final del verano mi cuñada invitó a pasar el día a su casa a una amiga. María José vivía en La Cabrera, a apenas unos cientos de metros de casa de sus padres. Solíamos encontrarnos en la piscina a media mañana y en ocasiones comíamos todos juntos, protegidos del seco calor castellano por la sombra de los grandes pinos que rodeaban el jardín. Nos presentamos. Se trataba de una encantadora neumóloga del Hospital San Rafael de Madrid que en algún momento había atendido a mi sobrina María y de ese encuentro había surgido algo más que una simple consulta médica. Durante toda esa mañana no dejó de observar a Álvaro. Incesantemente, casi obsesivamente. Se fijó en cómo se movía, en cómo desarrollaba su juego, en cómo se agachaba, corría o hablaba. Le miraba en silencio y yo sabía que le estaba mirando porque yo la vigilaba a ella. Le examinaba y le lanzaba objetos al suelo esperando su reacción para estudiarla, para confirmar con concretas y precisas pruebas aquello que desde hacía horas estaba buscando. Lo cazó al vuelo. Al final del día se acercó a nosotros y, casi pidiendo permiso y siguiendo su instinto profesional, nos aconsejó acompañar a Álvaro al hospital a visitar a un conocido neuropediatra con el que ella tenía una estrecha relación profesional. Lo hizo tranquilamente, sin anticipar nada pero haciéndonos sentir la premura de llevarle, sacándonos del pozo de la incomprensión para sumergirnos en otro acaso más profundo de lo desconocido. Ella prepararía el terreno.

El Doctor Roberto Fernández Granados pronosticó el síndrome X-Frágil nada más ver a Álvaro. Su fenotipo y sus comportamientos eran inconfundibles. La doctora estaba presente. Para nosotros la confirmación de un posible síndrome de lo que fuese era un golpe mortífero, pero para ella supuso la excitación profesional de saber que había acertado. Una certera diana diagnóstica para una neófita en la materia.

Una sonrisa de orgullo que no me pasó desapercibida apareció en su cara y un comentario: «¿Lo ves? ¡Lo sabía!», como quien acierta una quiniela de catorce resultados me provocó un sentimiento de impotencia y de rabia ante la incomprensible falta de delicadeza que acababa de demostrar, sin tener en cuenta que allí estábamos nosotros, estupefactos, sin palabras. Ni Ana ni yo podíamos celebrar nada y esa mujer obviaba nuestra presencia y disfrutaba de su extraordinaria perspicacia, y del momento de su pequeño éxito.

No obstante, y sin lugar a dudas, que se cruzase en nuestro camino fue providencial y extremadamente positivo para nuestros hijos. Habitualmente estos niños son amontonados en un cajón de sastre con el título de «enfermedades raras», y los padres peregrinan de médico en médico hasta que alguno acierta a encontrar el diagnóstico correcto, en innumerables ocasiones a costa de años de ciego deambular y despiadada incomprensión.

El diagnóstico precoz, por muy doloroso que pueda resultar, es la llave que abre la puerta a la esperanza, que te conmina a actuar con premura y permite que dejes de preguntarte qué y por qué para poder enfrentarte al cómo. En el fondo acababan de poner fin a un largo proceso de búsqueda de lo desconocido y oculto, sutilmente detectado con premura por el olfato maternal de Ana. Salíamos de dudas, por fin.

Apuntes del diario. 21 de abril de 2002

–Papá, he leído tus notas. –Aquella noche desperté sobresaltado, con la sangre espesa recorriendo a toda velocidad cada centímetro de mi cuerpo. Notaba su empuje en el corazón y su fuerza torrencial me producía un terrible dolor de cabeza. Una sensación de pánico me recorría de arriba a abajo pero dejaba a su paso un placentero sabor de boca, un momento que hubiese congelado eternamente. Aquella noche Álvaro me hablaba tranquilo y lúcido, en un perfecto castellano. Durante un largo rato no daba crédito a lo que escuchaba. Me parecía imposible, fruto de una imaginación febril, deseosa de que Álvaro se abriese a mí y me expresase todos sus sentimientos.

Conversaba conmigo, me contaba sus experiencias, cómo le había gustado visitar a sus abuelos ese fin de semana, que odiaba las judías verdes, que adoraba a su hermana Eva y que comprendía la responsabilidad de su papel como hermano mayor. Me habló de Ana y de mí, de cómo agradecía la forma en que les tratábamos. Me habló de la escuela, de Sofía, su maestra, de todos sus amigos, de sus primos, de la moto negra del abuelo Diego y de la deliciosa paella de la abuela Maruja. Me habló de amor, de vida, de lucha, de superación. Me habló de capacidad. No entendía muchas cosas pero concluyó que ya habría tiempo de examinarlas, que nuestras conversaciones no habían hecho más que empezar y que teníamos toda una vida por delante para seguir conociéndonos.

Ese día todo fue normal, hasta el punto de que supe que todo había sido un sueño. Sin embargo, escondido en la mirada de Álvaro, había algo. Una complicidad que no había sentido nunca como si, consciente de mi turbación, se estuviese divirtiendo. Aparentemente no había cambios. Despertó a las siete de la mañana, y como casi cada día, subió a la habitación con el pañal manchado. Tenía cuatro años y medio.

Nunca estimamos que lo peor aún estaba por llegar. El llamado síndrome X-frágil constituye la principal causa de retraso mental en varones después del síndrome de Down. Retraso mental, discapacidad psíquica... resulta difícilmente descriptible la quemazón que se siente en el corazón al conocer algo así, la desolación, comparable al terreno arrasado por la hirviente lava del volcán, cubierto de fuego y ceniza. No estamos preparados para la oscuridad. Nadie nos prepara para esto. Comienzas a preguntarte qué ha podido fallar, por qué tú y no otro. La fase de negación. Preguntas que no tienen respuestas pero que provocan profundas heridas que únicamente el implacable transcurrir del tiempo puede llegar a cicatrizar.

Comenzamos a devorar todo lo que caía en nuestras manos sobre el síndrome X-frágil, buscamos refugio en las asociaciones tratando de encontrar apoyos que pudiesen ayudarnos a profundizar un poco más en el tema. Visitamos médicos de reconocido prestigio, padres con niños afectados... Estábamos hambrientos por saber qué hacer, cómo actuar y cómo se iba a desarrollar la vida de nuestros hijos, buscando un patrón de comportamiento sin hacernos todavía cargo de lo importante que sería nuestra influencia y nuestra actitud en sus vidas.

La actitud. La vida no es aquello que afrontas, sino en realidad cómo lo afrontas. A menudo buscamos en los demás el refugio para ocultarnos de nuestras propias vergüenzas. Buscamos compararnos, consolarnos con las desgracias de otros, para no reconocer las nuestras o tal vez para convencernos de que siempre puede ser peor. No hay nada más ruin que ese desagradecido ejercicio de comparación porque reparte injusticia para todos. Establecerlo humilla a las partes comparadas y siempre, siempre, alguien sale herido de la contienda silenciosa. Ser capaz de reconocer tu propia realidad y encararla con la actitud necesaria para vivirla con plenitud es un acto de valentía y amor, exento de egoísmo. Nuestra determinación era clara: mirar a los ojos a nuestro sino y mostrar en todo momento una actitud positiva ante cualquier adversidad venidera.

En febrero de 2001 ya habíamos recibido también el diagnóstico de Eva. Para entonces nos habíamos convertido casi en unos expertos del síndrome X-frágil. Nos empapamos con todo lo que pudimos encontrar publicado en libros, en Internet, en inglés y en español, asistimos a un congreso internacional en Barcelona y resolvimos participar activamente en todo lo que estuviese en nuestra mano. Conocíamos las implicaciones genéticas y todas las posibles combinaciones hereditarias. Pero, a pesar del intensivo y solitario estudio, no encontrábamos respuestas que aliviasen nuestra congoja, al menos no las que deseábamos.

La procesión por diferentes especialistas y hospitales nos enseñó el camino directo: alejarnos de ellos lo más posible y sólo visitarlos para las rutinas médicas necesarias. En el mastodóntico Hospital de La Paz de Madrid comenzamos nuestro penitente calvario. Los hospitales me inquietan, huelen a enfermo tras la capa de asepsia y lejía. No me gusta tocar nada, como si las bacterias y los microbios pululasen por el ambiente con impunidad, buscando un cuerpo que habitar. Allí, entre los grises y penumbrosos muros de mármol viejo mal iluminados, y tras los interminables trámites en la antesala de la consulta, por fin nos recibió una de las eminencias neurológicas de mayor reconocimiento y prestigio del país. Durante largo rato sostuvo convencido que las mujeres no podían estar afectadas por el síndrome X-frágil —para nuestro asombro se lo tuvimos que explicar nosotros– y remató la lección metafóricamente, informándonos, no sólo de que nuestros hijos vivirían como plantitas a las que había que regar sin esperar mucho de ellos, sino que, además, en un acto de desvergonzada torpeza, nos explicó sin sonrojo que a los varones X-frágil se les calificaba como «huevones» en los pueblos, quizás por su falta natural de pericia o acaso por su exagerado tamaño testicular en la adolescencia, técnicamente llamado *macroorquidismo*. ¡Qué bonito y qué delicado el muy cabrón! A aquel incisivo y reconocido doctor, que sin duda nunca acudió a las clases de psicología durante la carrera, sólo le interesaba añadir dos fichas más a su inmenso historial y fotografiar la evolución de dos nuevos casos, completamente desnudos frente a una blanquecina y descarnada pared. Me avergoncé de la profesión médica, de su descaro impersonal y frío como la hoja de un cuchillo. ¿Por qué no enseñan a estos sabios de la medicina algo de humanidad? ¿Quiénes se creen que son escondiéndose detrás de su profesión, para no demostrar ni el más insignificante respeto por los demás?

Poco tiempo después, nuestro deambular nos condujo a otro especialista experto en integración social para familias con niños discapacitados del Hospital del Niño Jesús, más recogido e iluminado. Los pasillos de la zona infantil mostraban dibujos de brillantes colores que relajaban la visita y tranquilizaban a los niños y eso nos hizo sentir mejor.

Esta vez el vaticinio fue muy distinto, tan certero como increíble en aquel momento. Los siete u ocho años que el nuevo médico pronosticó que tardaríamos en aceptar una situación como la que atravesábamos nos produjo una amarga sensación de incredulidad. Atónitos, sentados hombro con hombro en aquel saturado, estrecho y destartalado despacho frente al doctor de aspecto viejo y despeinado, bajo la tintineante luz del fluorescente que no acababa de encenderse, Ana y yo nos cruzamos una mal disimulada mirada rechazando la rendición que parecía estar ofreciéndonos. No estábamos dispuestos a esperar tantos años para superar la situación, empezábamos a trabajar en ese mismo instante; de hecho, ya lo estábamos haciendo y nada iba a frenar nuestro empeño. Bajo circunstancia alguna claudicaríamos a la pena y a la desesperanza.

Sin embargo, una vez más el tiempo demostró que la razón domina al corazón y, a pesar de nuestros esfuerzos, hubieron de transcurrir esos largos años para sentirnos capaces de asumir completamente la condición de nuestros hijos, hasta que dejamos de compararnos con otros, de desear lo que era imposible y aceptamos plenamente las verdaderas capacidades de Álvaro y Eva sin dejarnos arrastrar por deseos inalcanzables.

La puesta en marcha no fue sencilla ni estuvo exenta de momentos difíciles. Los meses previos al diagnóstico de Eva fueron de una intensidad emocional extrema que provocó no pocas discusiones entre nosotros. Tan sólo quince días después de empezar la escuela, recibíamos la noticia del diagnóstico de Álvaro. Ana había resuelto inscribirle en un colegio Waldorf. La escuela libre Micael era un colegio distinto tanto por la calidad de la educación como por la filosofía de sus integrantes. En cierto modo rezumaba un tufillo sectario, algo que no dejaba de preocuparme. A pesar de nuestras diferencias de criterio, Ana tenía claro qué era lo que Álvaro necesitaba. Había atravesado el desierto con él en la guardería, vivido su angustia y su pesar al separarse de ella y sabía que necesitaba un lugar especial, que el estándar escolar acabaría con él.

Yo acepté y confié en su decisión, como siempre he hecho porque Ana utiliza una irreprochable mezcla de sabiduría y cordura en sus decisiones, y Álvaro, a los tres años, comenzó las clases con un ángel llamado Sofía Fraguas.

Con el corazón en la boca afrontamos el hecho de la discapacidad y, a sabiendas de que no era una escuela de educación especial ni podía ofrecer apoyos extraordinarios, decidimos ir con la verdad por delante y comunicamos con prontitud la noticia a la maestra.

Para nuestra sorpresa, Sofía nos miraba casi sin dar importancia a lo que le decíamos. Lejos de defender la posición de una escuela que no quiere problemas (que hubiera sido lo más normal), restó importancia a lo que le transmitíamos y nos hizo sentir pequeños y míseros por estar exponiéndole algo que a ella le parecía tan normal; luego nos sentimos eternamente agradecidos por su actitud entregada y bondadosa.

—No hay que preocuparse. Ahora hay que ponerse a trabajar —nos dijo con su cándida sonrisa y una total indiferencia.

Ese mismo día acudimos al modesto despacho del director de la escuela, Antonio Malagón. No teníamos excesivas ilusiones de que pudiésemos permanecer allí mucho tiempo, a pesar de las reconfortantes palabras de Sofía. Sin embargo, él tampoco pareció dar mucha más relevancia a nuestra preocupación.

—Esto os hará mejores personas —nos dijo después de escucharnos pacientemente durante largo rato. Y nos dejó marchar con un dulce sabor a esperanza recogido en una emoción contenida.

Nos pusimos a trabajar.

Infinidad de veces me he preguntado qué significaron las palabras de Sofía para nosotros: «no hay que preocuparse, hay que ponerse a trabajar». Generosamente, como ella hizo.

En contraposición a la glacial actitud del médico, aparecieron en nuestra vida personas de voluntad inquebrantable dispuestas a escucharnos, a comprendernos sin compadecernos, a ayudarnos a superar un abatido estado de ánimo o simplemente a abrazarnos en silencio. Sofía fue uno de esos espíritus: un ser especial, tranquilo y confiable. Una mujer que parecía no tener otra cosa que un alma en paz y un corazón bondadoso. Acogió a Álvaro y nos hizo ver la luz. Le trataba con una ternura maravillosa y le incluía en la clase como uno más, haciéndole formar parte del grupo.

Nunca se preocupó. Sencillamente se puso a trabajar y, cuando Álvaro batía sus manos alocadamente, ella lo transformaba en un pajarillo que aleteaba sus pequeñas alas, y con su voz dulce y suave, lentamente le calmaba hasta que de forma casi imperceptible él volvía a la normalidad de la clase.

Descubrimos así una educación distinta y maravillosa y, desde ese preciso momento, la escuela libre Micael se convirtió en el lugar ideal para nuestro hijo los años venideros. Álvaro era aún muy pequeño, ya habría tiempo de pensar en otro colegio. Durante seis meses permitieron que Ana le acompañase a las clases de jardín de infancia, con el fin de facilitar su integración, interrumpiendo el ritual tan sólo para que ella volviera a casa a amamantar a Eva. Día tras día permanecía allí hasta el mediodía. Asistía y aprendía con la profesora y colaboraba con las actividades de la clase como una maestra de apoyo más, apaciguando así la angustia y el malestar de Álvaro y procurando hacerle sentir como un importante miembro del grupo.

El jardín de infancia de las escuelas Waldorf produce la sensación de vivir en un cuento. Cuando pisas por primera vez una de sus aulas se diría que te adentras en el reino de las hadas. Las aulas son sencillas y repletas de luz y color, el delicioso olor de la madera y el pan recién hecho se mezclan en el ambiente con la risa sincera y las alegres canciones de los niños y los maestros. El día comienza con juego libre en el patio y, poco a poco, los niños se acercan a la clase. Una maestra infantil los saluda uno a uno y los invita a entrar en la clase donde, una vez reunidos, los acoge con una canción o un verso para comenzar la actividad de la mañana.

En edades muy tempranas, la pedagogía Waldorf se apoya en la imitación y la repetición y no tanto en la enseñanza, para que el niño asimile lo que sucede a su alrededor. La repetición rítmica refuerza la sensibilidad y la voluntad, enriquece el espíritu y revitaliza el lenguaje. Los niños X-frágil son grandes imitadores y a Álvaro no podía irle nada mejor que esa forma de aprendizaje. El trabajo con los padres es considerado de vital importancia y está inseparablemente ligado a la educación del niño a lo largo de toda su estancia escolar. Quizás fuese ésa la razón por la que la escuela, consciente de la necesidad individual de Álvaro, no dudó un instante en permitir a su madre acudir a diario con él al aula. Al cabo de los meses, sin prisas y sin presiones, Ana se fue alejando de Álvaro y éste, casi sin darse cuenta, se sentía cada vez más integrado y querido por sus compañeros. Un día, Ana dejó de ir a la clase; simplemente despedía a Álvaro en el jardín y volvía a casa sonriente y esperanzada. Habíamos encontrado el lugar perfecto para la primera infancia de nuestros hijos.

4

Toda responsabilidad del bien y del mal está en ti.
Es una gran fuente de esperanza.
Lo que has hecho lo puedes deshacer.
Swami Vivekananda

Apuntes del diario. 11 de septiembre de 2002

Hace ya tiempo que no siento fuerzas para escribir de nuevo. Tengo pensamientos fugaces. Acuden a mi cabeza como relámpagos, en forma de recuerdos cargadas de sentimientos y emociones y desaparecen con la misma intensidad con la que llegaron. Siento un deseo irrefrenable de escribirlos, palabra por palabra, coma por coma, sin perder el mínimo detalle. Pero no puedo.

Hoy es once de septiembre, una fecha trágica para la Historia tras la destrucción de las Torres Gemelas hace ahora un año. Sin embargo, aquí estoy, mirando al cielo por la ventanilla de un avión y no siento nada. Ni más ni menos deseos de volar que otras veces. Y me alegro.

Mi generación ha tenido la suerte de no vivir una guerra como la que vivieron nuestros mayores, ni la posguerra como nuestros padres. En realidad, la denominada «generación del *baby boom*» surgió como consecuencia de los devastadores efectos de tres años de cruenta guerra civil (1936-1939) que arrasó nuestro país por la mezquindad humana y la absurda incapacidad de ponernos de acuerdo, incluso habiendo miles de vidas en juego. La abuela de Ana, Ascensión, una anciana de las de antes, de aspecto encogido y piel acerada como si lo vivido le hubiese lavado el color, quiso dejar testimonio de las consecuencias de la guerra española. Lo hizo por escrito, temiendo que si lo contaba, aun al final de su vida, pudiese ser oída, como en los espantosos tiempos de represión.

Envió a sus nietos una emotiva carta con una oración que, contaba, ella solía rezar en la asediada ciudad de Madrid entre lágrimas, miseria, amputaciones y muerte. Y lo hizo para mantener la memoria, para conservar el recuerdo de un tiempo horrible en el que los hombres se mataban sin sentido obedeciendo las órdenes de otros hombres. ¡Qué estupidez! Lo hizo con la honrosa esperanza de que sus descendientes no tuviesen nunca que vivir semejante dolor:

Señor de los buenos, Señor de los tristes,
que por noble y bueno estás en la cruz
en que por los hombres tu sangre vertiste.
Desciende a la Tierra, queremos tu luz.
No oirás a los hombres hablar de otra cosa
que de hambre, de guerra, de pólvora y gas.
El odio se viste de frases hermosas,
más va agazapada la muerte detrás.
Reza Señor por los hombres
que hallaron la muerte sin ir a buscarla
y hoy duermen su sueño sin cruz.
Señor haz que acabe la guerra maldita,
se abracen los hombres y no luchen más
y haz con tu divina piedad infinita
un templo de paz de cada trinchera.

Por las pobres madres que lloran la ausencia,
por los pobres niños que gimen de horror,
por los viejecitos que mueren de pena
y por los privados de todo sostén.
Desciende a la Tierra, alumbra conciencias
y haz que se terminen los odios.
Amén.

Afortunadamente no hemos conocido los asedios, la hambruna, la muerte de familiares, amigos y compañeros, las balas silbando sobre nuestras cabezas, los susurros temerosos de ser escuchados. Nuestro mundo es más fácil. El progreso nos ha facilitado una vida cómoda, que avanza a toda velocidad por las pistas de la información y el conocimiento, antes limitado a unos pocos y ahora al alcance de todos. Pero la tecnología también ha creado un mundo más peligroso, un peligro latente y silencioso, casi inminente.

De repente, todos nos volvimos locos.

El 11 de septiembre del año 2001, poco antes de las tres de la tarde, estando yo ya enredado en mis papeles, mi secretaria entró nerviosa en el despacho.

—Diego, ¿puedes poner la televisión por favor? —Su expresión reflejaba congoja y desasosiego. Me extrañó. Laura era una persona tranquila, con permanente control de la situación, y que pocas veces manifestaba impaciencia ante la presión del trabajo. Sin embargo, sus ojos, muy abiertos, y su agitada voz mostraban una inusual tensión y excitación. En mi despacho, junto a la mesa yo tenía un monitor de televisión. Lo conecté enseguida.

–¡Madre mía! ¡Joder! –y poco más pudimos decir.

Nos quedamos allí, mudos y boquiabiertos, mirando incrédulos la pequeña pantalla mientras asimilábamos, sin poder tragar saliva, la terrible narración en directo del impacto de un avión en una de las dos Torres Gemelas de Nueva York a las ocho horas y cuarenta y seis minutos hora local. Según iban llegando compañeros a la oficina se iban sumando, callados y cabizbajos como en una procesión a la Virgen, a la dantesca imagen de la torre en llamas.

A las nueve horas y tres minutos se produjo una explosión en la segunda torre. La confusión y la duda se reflejaban en las temblorosas voces de los comentaristas y una mirada furtiva a mis compañeros, que ya llenaban el despacho, me bastó para sentir su espanto, histeria y angustia. Las lágrimas comenzaban a asomar mientras algunos se echaban las manos a la cara y otros bajaban la cabeza obligándose a no mirar aquellas terribles imágenes. Poco a poco se fue desvelando la causa de la tragedia mientras las grabaciones comenzaban a mostrar a dos aviones impactando a media altura contra los gigantescos colosos.

El despacho se fue despejando, pero yo me quedé allí, mirando a la pantalla sin poder hacer otra cosa que pensar en toda esa gente encerrada en la cárcel de humo y fuego en que se había convertido su oficina, asfixiándose, buscando una salida aunque fuese en el vacío. Gente como yo, trabajadores que esa mañana habían despedido a sus mujeres y a sus hijos y que ya no volverían a verlos nunca jamás. El pánico acababa de instaurarse en el mundo occidental.

Hasta entonces no fui consciente del verdadero peligro que suponía el terrorismo. Ni siquiera viviendo en un país acostumbrado al azote de una banda terrorista, había experimentado nunca el horror tan de cerca. Tan sólo sentí rabia e indignación extremas durante el secuestro y la ejecución anunciada del joven concejal de Ermua Miguel Ángel Blanco en julio de 1997. Pero el movimiento ciudadano que se originó tras su trágica muerte invitaba a pensar que el fin de ETA había comenzado su andadura y que algún día nuestro país sería un lugar más libre y seguro para nuestros hijos.

El hombre no es capaz de confiar en sí mismo. Siempre me he preguntado inútilmente qué hace que no nos toleremos, que seamos capaces de excusar decisiones terribles que pueden afectar a tantas y tantas vidas. Las demostraciones de fuerza, incluso en pequeños aspectos de la vida, no son más que un exceso de ego y de orgullo. Y cuando el orgullo sustituye a la razón surge la incapacidad de pensar, el enquistamiento en las posiciones particulares, y finalmente emerge, de lo más inmundo del ser humano, la lucha por la defensa de posturas a menudo irracionales a las que nos vemos abocados sin remisión.

Pensé en lo diminutos y frágiles que somos, en lo poco que nos merecemos a nosotros mismos, en la insignificancia de nuestras vidas, y me acordé de Álvaro, a punto de llegar a un mundo en el que hasta entonces me había sentido seguro. Quizás, en ese momento su cercana presencia me hizo ver todo de otra forma. Empezaba a entender que, cuando comienzas a pensar en el futuro de tus hijos, te haces más consciente del presente, de su escenario.

Entre las diez y las diez y treinta de la mañana las dos torres colapsaron y se derrumbaron como castillos de naipes, convirtiéndose en la tumba de más de tres mil almas y provocando una espeluznante nube de polvo de la que surgían, como cenizos fantasmas, polvorientas e inhumanas siluetas exentas de expresión de vida en sus rostros.

En menos de dos horas, el mundo se había vuelto más peligroso. Ese mismo día, dos aviones más se convirtieron en proyectiles alados programados para alcanzar sus objetivos. El primero impactó en el Pentágono provocando más de doscientas víctimas, y el último se estrelló en campo abierto cuando se dirigía hacia el Capitolio y los osados pasajeros, en un arrojo de valor, plantaron cara a los secuestradores en un desesperado intento por agotar su última oportunidad.

La amenaza del denominado terrorismo global se hacía realidad y el mundo entero se preguntaba hasta dónde podía llegar. Antes de finalizar el año, Estados Unidos declaraba la guerra al «terrorismo mundial» y comenzaba una incierta guerra en el avispero de Afganistán, donde presumiblemente se escondían los autores del atentado bajo el mando de la organización Al Qaeda. Un nombre que jamás habíamos escuchado antes quedó a partir de entonces grabado para siempre en nuestra memoria: Bin Laden.

Cuando por fin salí del despacho, la aparente normalidad del trabajo me devolvió a la realidad. Pero ese día la oficina estaba muda, más silenciosa que nunca. No se escuchaba el bullicio habitual que formaba parte del paisaje, no había risas ni teléfonos, ni la gente se movía de sus sitios. Una extraña y amarga sensación se había instalado en cada rincón de la planta sexta.

La imagen de los aviones convertidos en misiles me resultaba imposible. Yo volaba con mucha frecuencia y jamás se me hubiese ocurrido pensar que un fanático sin escrúpulos sería capaz de conducir a la muerte un avión cargado de hombres, mujeres y niños. Padres y madres que nunca volverían a ver a sus seres queridos, que jamás recuperarían sus vidas tal y como las conocían. Me asusté. Llegué a pensar que me podía pasar a mí y cancelé el vuelo a Boston que tenía previsto diez días después del atentado sin pensar en las posibles repercusiones.

Al cabo de tres días la propia empresa prohibió todos los vuelos en el mundo a zonas de riesgo, entre ellas todo el territorio americano y especialmente Boston, donde al parecer la policía asediaba los hoteles donde se refugiaban algunos terroristas.

Durante algún tiempo sentí aprensión a volar. No era realmente miedo, simplemente me incomodaba la sensación de sospechar de todo aquél que presentase un aspecto poco familiar. Pero especialmente no soportaba la idea de que mis hijos pudiesen quedarse huérfanos, de no haber tenido tiempo de cumplir con todo lo que me había prometido hacer por ellos.

Comencé a mirar a las azafatas para ver si su rostro reflejaba algo anormal buscando en sus gestos un atisbo de tranquilidad, de confianza que me garantizase un viaje seguro (una estupidez típica de quienes temen volar, como si una simple sonrisa de la tripulación pudiese garantizar la seguridad del vuelo).

Los primeros vuelos fueron extraños, incómodos. Ya no se podía ver la cabina del piloto abierta mostrando el saturado panel de instrumentos, ni el cielo a través de las pequeñas ventanas frontales; los refinados cubiertos del menú de la clase *business* se sustituyeron por otros de plástico inútiles para cortar la carne adecuadamente y las medidas de seguridad extremas en los pasos a las zonas de embarque provocaron interminables colas y retrasos. Un caos que se prolongó durante años y desafió las libertades individuales en pro de la seguridad mundial.

Me centré en el trabajo y en la familia. Unos meses antes se habían producido cambios importantes en la empresa que trajeron frescos vientos y nuevas oportunidades. Por fin se ponía fin a una batalla que ya se hacía excesivamente larga y parecía no dar nunca tregua.

Siempre he creído que el respeto a los demás es la principal virtud del ser humano. En ocasiones me he encontrado con personas vanidosas, capaces de sobrevolar sobre los demás sin prestarles atención, con un repugnante aire de suficiencia, como si ellos hubiesen sido señalados por la mano de un Dios que les hiciese superiores. Cuatro largos años duró mi lucha con uno de ellos hasta que por fin confirmó su salida de la empresa en marzo de 2001. Su marcha, junto con la del director general ese mismo año, cerró una etapa de guerrillas internas y frustración y dio paso, con la llegada de un nuevo gerente, a un periodo de esperanza.

Óscar lo tenía fácil. En el plano empresarial los resultados de la gestión anterior eran inmejorables, pero en el aspecto humano todo estaba por hacer. Supo leer muy bien lo que necesitábamos y se centró en el equipo para provocar una nueva espiral de éxitos y acabar con los egos personales. Y así fue, la cohesión de un equipo de buenos profesionales produce resultados sinérgicos muy rápidamente y nuestro crecimiento se aceleró y durante algunos años disfrutamos con cada cierre económico como no lo habíamos hecho hasta entonces. Óscar se convertiría en el mejor jefe que nunca he tenido, un modelo entonces y un gran amigo en el momento que escribo.

En casa todo marchaba viento en popa.

Diría que lo habíamos intentado casi todo para facilitar a nuestros hijos los apoyos mínimos necesarios para su desarrollo. No obstante, algunas cosas llamaban la atención exageradamente y sabíamos que necesitaríamos trabajar con más ahínco. Eva especialmente mostraba unos incontrolables arrebatos de ira. Sus siestas duraban tres horas: una durmiendo y dos llorando. Casi era preferible que no durmiese. Y tras su explosiva rabieta te perseguía arrojando los brazos hacia ti y sus manitas abriendo y cerrándose sin parar buscando que la abrazaran. Pero cuando querías acercarte a ella para cogerla, dejaba caer los brazos y gritaba secamente:

—¡No! —Y vuelta a empezar. Una batalla psicológica en la que finalmente optábamos por dejarla llorar y no prestarle atención.

Recuerdo que una mañana en Segovia, debajo del imponente acueducto, Eva se enfadó porque quería subir al tiovivo una vez más. No aceptó el no por respuesta y comenzó una de sus espectaculares rabietas. Sentada en el suelo, llorando en una nota capaz de romperle los tímpanos a una piedra, nos miraba enfurecida mientras que con sus rollizos brazos extendidos nos retaba a cogerla y tranquilizarla. Ana, Álvaro y yo nos alejamos de allí y ella se quedó inmóvil, llorando y gritando sola, como en una isla desierta.

Pasó una señora a su lado y trató de acercarse a ella quien, al verla, aumentó el volumen de su llanto diez puntos; la mujer retrocedió despavorida, mirándonos de soslayo como si nuestra crueldad con un bebé de dos años fuese imperdonable.

Álvaro ya estaba perfectamente integrado en su jardín de infancia y Eva comenzaba sus sesiones de atención temprana en la fundación Apascovi mostrando grandes capacidades en sus primeras pruebas. Durante años, ambos trabajaron en sesiones particulares la estimulación, el lenguaje y la motricidad.

La fundación Apascovi se ubica en la localidad de Villalba, a unos treinta kilómetros de casa. La escuela de Álvaro también se había movido en un radio de quince o veinte kilómetros, así es que Ana se convirtió en un taxista de lujo al servicio de los chicos.

Plenamente dedicada a ellos, los traía y los llevaba una y otra vez allí donde fuese necesario. Al final de año, premiando su desinteresado esfuerzo, una tarde cualquiera le hicimos entrega de una carta en infinito agradecimiento a su impagable labor.

Carta a mamá. Noviembre de 2001

Mamá, sabemos que es difícil para ti. Sabemos que soportas una carga que tú no has buscado, pero también sabemos que lo haces con ilusión y con una envidiable entereza. No creas que estás sola, nosotros estamos contigo y te vamos a ayudar. A veces nos portamos mal, pero es que también somos niños y nos gusta comportarnos como tales.

Tratar de comprendernos no es tarea fácil, lo sabemos. Pero hasta ahora lo has hecho muy bien. Tú nos infundes autoestima, control, seguridad, paz y, sobre todo, mucho amor. Algún día te lo pagaremos, ya lo verás. Nos verás disfrutar de la vida, de las cosas que nos enseñas, del futuro, de los amigos, de la familia... Y serás un testigo de excepción de todo ello, te lo prometemos.

Eva es pequeña y no sabe hablar pero yo entiendo lo que dice. Quizás porque compartimos algo, eso que nos une más a ti. Me dice que no te preocupes, que ella te ayudará a comprender lo que hoy parece estar oculto. Que juntas encontrareis la respuesta que todos buscan y aún nadie ha podido escribir.

Es un trabajo de equipo donde estamos todos. Papá también lo intenta con fuerza. Interiormente lucha por comprender todo lo que sientes, por ayudarte. Y puedes estar segura de que lo dará todo, me lo ha dicho él y yo le creo. Nos quiere mucho y no debes tener dudas. Siempre estará con nosotros.

Anímate mamita y no te sientas presionada por lo que hagamos o digamos. Ya sabes, el que da todo lo que tiene no está obligado a dar más. Pero tú, tú siempre das más.

Álvaro

Los fantasmas comenzaban a esfumarse dejando paso a un paisaje más agradable y calmado tan sólo empañado por el incierto panorama mundial que se instaló después de los atentados del 11-S.

Un año después del trágico acontecimiento todo había vuelto a la normalidad. Álvaro comenzaba el colegio con un profesor nuevo, Gonzalo Dardó. El primer día de clase se despidió de su madre en la puerta y nuestros temores quedaron despejados. Ya no la necesitaba allí. Habíamos preparado su vuelta al cole con mucha anticipación para que fuese asimilando el cambio después del largo verano familiar. Nos dábamos cuenta de que Álvaro era un niño valiente y fuerte, capaz de asombrarnos y seguir adelante solo.

Atrás quedaban los días más amargos, cruzando la puerta del olvido. Días en los que injustamente culpé a mis cuñados de no implicarse lo suficiente para que Álvaro tuviese más oportunidades de compartir momentos con su prima María, días en los que hubo que ocultar rastros de la herencia genética para evitar el dolor a las personas más queridas modificando incluso los delatores análisis clínicos, días de niebla y tristeza, días en sombra y penumbra. El frágil andamio de nuestras esperanzas parecía adquirir consistencia.

Gonzalo era un hombre controvertido, aunque de apariencia tranquila y conciliadora, reforzada por la imagen que transmitía con sus anchas ropas de colores claros o blancos que le impregnaban de un cierto barniz celestial. Llegó precedido de una mala experiencia en su escuela que le obligó a tomarse un año sabático lejos de allí y, cuando se reincorporó, lo hizo para sustituir a Sofía quien, al no tener el título oficial de maestra, tuvo que dejar el centro escolar para desgracia de todas las familias que la adorábamos incondicionalmente.

Luchamos por ella a costa de la reputación de Gonzalo sin importarnos el daño que podíamos ocasionar a éste. Pero la decisión de la escuela estaba tomada y era firme: Sofía tenía que irse. Las habladurías tampoco ayudaron a Gonzalo quien, incrédulo, observaba cómo nos posicionábamos en su contra, sin conocerle de nada, movidos por el deseo de rescatar a Sofía. Casi sin quererlo lapidamos a una persona que no había hecho otra cosa que volver a hacer aquello que amaba, a sus pequeñas clases del jardín de infancia. Me sentí sucio, traidor.

Finalmente el destino jugó sus cartas y Gonzalo se convirtió en el maestro de nuestros hijos. Nos reunimos con él y notamos que su estado anímico se debatía por recuperarse, hecho añicos por los recientes ataques que no alcanzaba a comprender. Conocimos a un buen hombre que deseaba olvidar todo aquello y concentrarse en su trabajo y que ciertamente tenía muy claro cómo hacerlo. Nos inspiró mucha confianza y supimos que Álvaro y Eva estarían en buenas manos.

Aquel año, el entonces director de la escuela y uno de los tres fundadores originales de la pedagogía Waldorf en España, Antonio Malagón, me llamó y me sugirió formar parte del equipo de dirección del centro.

—Necesito un grupo de profesionales que esté en contacto con la tierra. Hay que afrontar cambios importantes en la escuela y estoy creando un consejo con padres bien formados para que me ayuden. ¿Quieres participar? —La respuesta no se hizo esperar. Confirmé inmediatamente mi total disposición.

Acumulaba una profunda deuda con la escuela y esa oportunidad constituía la posibilidad, no sólo de ayudarles, sino de emprender un camino en la pedagogía que marcaría la educación de mis hijos hasta la adolescencia.

Fueron cerca de tres años de duro trabajo que concluyeron en el verano de 2004, de fines de semana dedicados a la gestión de la escuela con un equipo excelente de expertos y amigos liderados por un hombre competente, enamorado de su trabajo, de su centro y de sus alumnos.

Hicimos grandes cosas, al menos al comienzo de aquella aventura. Profesionalizamos la gestión, arreglamos y auditamos las cuentas, presentamos las primeras encuestas de satisfacción de padres, creamos la librería e impulsamos infinidad de pequeños proyectos de mejora en las aulas y en el jardín.

Pero, como en casi todos los ámbitos de la vida, el mayor enemigo del hombre es el propio hombre. No hay forma de que todo el mundo esté contento. Y mucho menos en un sistema asambleario en el que todos tienen la posibilidad de hablar aunque no aporten otra cosa que simples opiniones o críticas, incluso a sabiendas de que es lo máximo que están dispuestos a hacer. En plena lucha de poder con la fundación que sostenía la escuela, una facción de padres, instigada por el profesor de mis hijos, Gonzalo, y un padre abogado (¿por qué será que donde hay un abogado siempre surgen problemas?) se propuso una lucha sin cuartel contra el modelo de gestión existente amparado por la fundación. Se ponía en peligro la propia continuidad de la escuela y sus veinticinco años de existencia.

Tras varias duras y caóticas asambleas, el equipo del consejo decidimos dimitir en pleno y dar paso a otro completamente nuevo, pero dejamos el terreno abonado para los cambios que estaban por llegar. Esto calmó los ánimos y poco después la asociación se transformó en una fundación, donde los órganos de gobierno por fin podían tomar decisiones sin intromisiones de terceros dando paso al período más tranquilo y próspero de la escuela desde su creación. Pero ésa ya es otra historia.

5

Una de las leyes de la Naturaleza es la atracción universal. El amor mutuo es el que permite a la Naturaleza vivir y persistir.

GANDHI

Apuntes del diario. 24 de marzo de 2003

Hoy vuelo hacia Alemania. Inmersos en una guerra recién declarada en la que aún no sé si participamos o no, el panorama político mundial no parece muy alentador. Se está alimentando el lado más oscuro del orgullo del ser humano y eso me provoca una profunda inquietud. Como muchos padres me pregunto qué mundo edificamos para el futuro de nuestros hijos, y dadas nuestras circunstancias, lo hago incluso con más razón.

A veces, cuando les miro percibo sus carencias como si fuesen mías. Sufro pensando en lo durísimo que les resultará la convivencia y la relación con los demás y eso me hace sentir mal, muy mal. La experiencia con los padres de Bruno ha sido muy dolorosa.

Por fortuna, pensar en mis hijos tan sólo una fracción de segundo es como acercarme al sol un día de primavera: quedarte suspendido en el tiempo mientras el calor te reconforta provocando una placentera impresión de paz. Poco a poco, tenemos que ir poco a poco.

Entrenaba concienzudamente para el mayor reto ciclista de mi vida. En enero de 2003, volviendo de una convención de empresa celebrada en Santo Domingo, persuadí a una compañera a hacer el Camino de Santiago en bicicleta ese mismo verano. Hacía tiempo que barajaba la idea de dedicarle a Álvaro y Eva una visita al apóstol Santiago. Quería rezar por ellos, pedir no sé muy bien qué. Supongo que por su felicidad y su integración en el inestable mundo que se fraguaba a nuestro alrededor.

Estaba en una excelente forma física tras casi una década de pedaleo regular y la decisión estaba tomada. Pero no quería hacerlo solo. Hubieron de transcurrir dos años hasta que finalmente conseguí una pareja de baile y nos lanzamos al Camino en agosto de 2003. Desde el mismo mes de enero preparé rigurosamente cada salida como si del trazado original se tratase. Cargaba la bicicleta con más de quince kilos de material los fines de semana y planificaba rutas de montaña superiores a setenta kilómetros, acostumbrando a mis piernas al peso y a la distancia y acompasando el ritmo a las pulsaciones de mi corazón. Entre semana rodaba diariamente en el tedioso rodillo de entrenamiento mientras trataba de distraerme pensando en cómo se desarrollarían las etapas, planificando milimétricamente cada detalle. Al cabo de unos meses me encontraba en plena forma y la ruta se me antojaba asequible y sencilla.

Me gustan los deportes en solitario. Me conceden tiempo para mí, para reflexionar sin interrupciones, para deleitarme con mis recuerdos. Es en estos retiros particulares y aislados cuando las mejores ideas han acudido a mi cabeza. Durante doce años y cuarenta mil kilómetros, la bicicleta fue la compañera de fatigas que me escuchó y acompañó en silencio. Ana nunca se quejó. Los sábados ella trabajaba en la clínica veterinaria y yo aprovechaba las mañanas para pedalear con total libertad hasta el mediodía, empapándome de sol, viento y energía. Después del nacimiento de Álvaro seguí gozando de mi amiga de dos ruedas y Ana jamás puso una pega. Aprendí a compaginar la familia y el deporte. Comencé a realizar salidas breves, a horas muy tempranas. Rutas de cuarenta o cincuenta kilómetros en las que ponía a prueba mi capacidad de resistencia aumentando la cadencia del pedaleo, la velocidad o controlando el latido de mi corazón para mejorar el rendimiento; me obligaba a alcanzar el ritmo en ciento sesenta y cinco pulsaciones. Podía aguantar varias horas en ese punto crítico autoimpuesto sin superarlo y a la vez casi sin bajarlo.

Notaba en mis labios el salado sabor del sudor que resbalaba por mi frente y me encantaba la sensación de encontrarme en lugares y paisajes escondidos que jamás hubiese visitado sin la solitaria compañía de mi bicicleta. A las diez de la mañana ya estaba en casa, sudoroso y cansado, pero completamente renovado, fresco, dispuesto a consumir el resto del día con mis hijos, a dedicarles cada minuto libre de mi tiempo. A agradecerles el regalo de proporcionarme los mejores momentos de mi vida.

El 20 de marzo del 2003 se declaró una nueva cruzada contra el terrorismo islámico y estalló la guerra contra Irak, nación acusada de ocultar arsenales de armas de destrucción masiva. Comenzaba la segunda guerra del Golfo, paradójicamente impulsada por George Bush, hijo de quien dirigió la primera, y en ese momento presidente de los Estados Unidos de América. La situación política mundial se tensaba, y especialmente en España por haber tomado parte, junto a Inglaterra y Estados Unidos, en la decisión de declarar la guerra a Irak. Muchos, incluidos algunos miembros del propio gobierno de José María Aznar, se mostraron contrarios a esa decisión, y se produjo una movilización popular de tal calado que le costó el gobierno de España al Partido Popular cuando tres días antes de las elecciones generales las encuestas arrojaban una incontestable mayoría absoluta a su favor.

Desde la caída de las Torres Gemelas nos fuimos acostumbrando lentamente al nuevo orden mundial y, casi sin darnos cuenta, lo integramos en nuestras vidas con total naturalidad. A fin de cuentas la vida sigue su implacable curso. Lo que tenga que ser, será. Cielo o infierno, la elección no está en nuestra mano.

Me concentré en mi aventura y planeé minuciosamente cada detalle para la salida.

El día 1 de agosto de 2003 embarqué en un bimotor hacia Pamplona donde me esperaba un autobús que me llevaría a la línea de salida en Roncesvalles. Con la mirada perdida en el infinito de un cielo limpio y azul y la cabeza recostada en la ventanilla, me preguntaba si sería capaz de cumplir la promesa de llegar a Santiago de Compostela. El hecho de tener casi mil kilómetros por delante y tan sólo nueve días para conseguirlo suponía un reto complicado a pesar de los preparativos. En los últimos tiempos la espalda se me quebraba con frecuencia y sin previo aviso, por lo que temía que un esfuerzo excesivo pudiese trastocar mis planes. A través de la ventana, adormilado por el incesante ronroneo de las hélices, me abandoné al espejismo de Álvaro y Eva. Crecían sanos y fuertes. El empeño puesto en ellos estaba dando los frutos deseados. Para entonces, Ana se había apartado totalmente de su trabajo y había hecho de los niños su única y exclusiva obsesión aunque, inquieta como siempre, planificaba ya estudiar una nueva carrera universitaria.

Me concentré en Eva. Era una niña preciosa. Sus gruesos y encarnados labios destacaban sobre su blanca piel y la verde mirada de los rasgados y enormes ojos que llenaban su cara, le proporcionaban un aspecto transparente e inmaculado. Perfecta en sus formas regordetas daban ganas de apretarla con fuerza y yo imaginaba un futuro en el que ella disfrutaba de su belleza y de la vida como una mujer completamente feliz. Todavía era muy pequeña pero superaba todos los retos en la escuela y en casa (excepto por su permanente intranquilidad y su llanto incontrolado), y yo me ilusionaba soñando que así sería siempre.

Álvaro era alto y fuerte para su edad. A sus cinco años largos le gustaba presumir de ello. Unos divertidos rizos en su pelo castaño cubrían parte de su ancha frente y una sonrisa permanente en su cara adornaba sus chispeantes y profundos ojos marrones. Lo imaginaba disfrazado de caballero, como solían hacer en la escuela, erguido, con su capa azul a la espalda, sujetando el escudo en una mano y la espada en la otra. Agarrándola firme, seguro, persiguiendo a su adorado tío Pepe entre los árboles.

Recordé cómo vivió ajeno a lo que acontecía aquellos días terribles en que los padres de su mejor amigo, Bruno, trataban de arrancarle de su lado, arrebatándoles su amistad. Bruno era el compañero inseparable de Álvaro. A sus tres años buscaba un referente y se refugió en nuestro hijo, quien se encontraba más a gusto con niños menores que él y compartía con ellos juegos más adecuados a su singularidad. Consciente de sus limitaciones, no solía subirse a los árboles ni echar largas carreras por el patio y prefería juegos sosegados, tranquilos; allí donde los más pequeños correteaban estaba Álvaro.

Como corresponde a un buen comportamiento X-frágil, Álvaro era un gran imitador y copiaba lo que otros niños hacían y decían. Los padres de Bruno interpretaron que Álvaro era una mala influencia para su hijo. Los veían siempre juntos, agarrados como se agarran los buenos amigos, con el brazo siempre echado al hombro del otro, y jugando a imitar al protagonista de moda de unos dibujos animados que gustaba de enseñar el culo mientras repetía «culito, culito».

La televisión siempre ha estado racionada en casa, de ningún modo se ponía entre semana y nunca más de dos horas los fines de semana para ver alguna película de dibujos animados. Un sacrificio que pocas familias suelen hacer pues es sencillo sucumbir al embrujo televisivo como calmante durante las interminables tardes y así poder liberarse temporalmente del incordio infantil.

De esta forma empezó una ponzoñosa relación con los padres de Bruno, el día que la madre, envenenada por la impotencia, paró a Ana en el patio y le expuso el daño que pensaba que Álvaro causaba a su hijo. Ana la llamó intolerante, profundamente dolida por la injusticia que siempre aplasta a los más débiles. Durante meses instigaron a Gonzalo Dardó, el profesor de ambos, para que mantuviese a Bruno alejado de Álvaro. El profesor, sin casi creerlo, vivía la relación de amistad de los dos amigos como un precioso regalo para ambos y trataba inútilmente de explicarles el bien que los dos niños se hacían mutuamente. Pero ellos, sin mediar palabra, comenzaron a verter su rencor sobre nosotros y así arrancó un proceso de presión que perseguía echarnos de la escuela apoyados en la más abyecta, despreciable y ruin de las excusas: la escuela no estaba preparada para ofrecer apoyo a niños con necesidades especiales y, por tanto, no era lugar para Álvaro. Nunca imaginé que la tolerancia del ser humano pudiese llegar a ser tan frágil y quebradiza.

Decidí intervenir. Contacté con un abogado especialista en esos temas y me preparé para enfrentarme a ellos. Hasta ese momento Ana había cargado con la desagradable tarea de tener que cruzarse diariamente con los padres de Bruno cuando recogía a los niños a la salida del jardín de infancia. Altivos y seguros, se veían ganadores sin remisión de la batalla. La situación se tensó cuando un día nos acusaron de ser la causa de todos los problemas de Álvaro. El maestro nos convocó a una reunión urgente:

—¿Quieres decir, Gonzalo, que nos están acusando de abusar de nuestro hijo? —Decir esto nos dañaba el alma, pero así era.

Busqué tiempo a mediodía y durante días me acerqué a la escuela a recoger a Álvaro, ansioso de encontrarme frente a frente con ellos y poder mirarles desafiante a los ojos. Hasta que por fin me los topé los amenacé con denunciarlos; lo tenía todo preparado. Ellos comenzaron a recular como alimañas acorraladas. Los perseguí por teléfono y, cuando por fin contacté con el padre burlando sus cortafuegos para no atenderme, le transmití mi intención de hacer todo lo posible para empapelarle por acoso a un niño discapacitado. Se sintió mal y me dijo que se irían de la escuela, que su intención nunca fue hacer daño a Álvaro sino defender a su hijo Bruno. Tanto pesar, tanto odio por algo que podría haberse resuelto simplemente hablando.

Aún tuvimos que esperar al final del curso para ver cómo presionaban en un desesperado último intento al director de la escuela, a mi querido amigo Antonio Malagón, con quien mi familia mantenía una estrecha relación. Antonio, un hombre sensible pero directo, los miró fríamente y les comunicó que Bruno no sería admitido en el siguiente curso escolar. Humillados, salieron de la escuela esparciendo gritos de injusticia y desaparecieron de nuestras vidas para siempre.

El contacto con la tierra me devolvió a la realidad mientras el avión se tambaleaba tratando de recuperar el equilibrio y de nuevo desperecé el ánimo. Aún me esperaba un largo día hasta llegar a mi punto de partida en Roncesvalles.

Con la primera pedalada comenzaba en Europa la mayor ola de calor de los últimos cincuenta años. Una histórica canícula que, en menos de un mes, segó la vida de quince mil franceses, menos preparados para las altas temperaturas que nosotros, y causó extraños fenómenos como la aparición de medusas de agua dulce en lagos de Centroeuropa.

Apuntes del diario del Camino. 1 de agosto de 2003

Roncesvalles – Puente La Reina. Ha sido una jornada desgraciada. Lucas se ha caído y se ha golpeado la pierna con una piedra. Con el músculo caliente puede seguir, pero no sabemos cómo se encontrará mañana. Paula ha pinchado, tiene el desviador del cambio torcido del traslado en autobús, y se le ha roto el transportín. No podíamos haber empezado peor. Hemos tenido que parar en Pamplona para arreglarlo. Finalmente reanudamos la marcha pero se nos ha echado encima el sofocante calor. Creo que supera los 40°C. Hemos parado en el primer albergue para sellar, ducharnos y descansar unos minutos. A las cuatro de la tarde subimos el Alto del Perdón. Si teníamos algún pecado pendiente, allí se quedó. Subimos despacio, soportando el infierno sobre nuestras espaldas, Paula con una pájara increíble resultado de no haberse hidratado suficientemente. Alcanzamos agotados los molinos de viento en la cima y nos lanzamos carretera abajo (el camino por campo no se recomienda ni a las cabras) hacia Puente La Reina. Es tarde y no sabemos si encontraremos dónde dormir. Finalmente conseguimos literas en un albergue. Lucas no puede continuar.

Yo me encontraba muy bien. Los meses de duro entrenamiento daban resultado y la compañía de mis hijos, en sendas fotografías pegadas a la potencia de mi bicicleta me proporcionaba las fuerzas necesarias para soportar el tórrido calor. El secreto ciclista consiste en ir siempre muy hidratado, beber y comer poco pero constantemente para que el cuerpo mantenga las reservas necesarias en todo momento.

Álvaro y Eva me miraban desde el manillar recibiendo divertidos las gotas de sudor que resbalaban por mi nariz cuando yo ya no podía levantar la cabeza, animándome a seguir adelante. Con los días nos aclimatamos al desmesurado fuego que tostaba nuestra piel y aprendimos a deleitarnos con las rutas y los maravillosos secretos de los pueblos del trazado, ocultos tras los deseos y las sombras de millones de caminantes en peregrinación hacia Santiago a lo largo de la Historia. Sentí un profundo respeto por lo que estaba haciendo. Aquellos días del Camino de Santiago dejaron una huella imborrable en mi corazón y se convirtieron en una de las experiencias más increíbles e inolvidables de mi vida. Estaba muy fuerte y, con mis treinta y nueve primaveras, montaba al ritmo de los más jóvenes, disminuyendo la cadencia tan sólo para esperar a Paula. Conocí gente maravillosa y tuve mucho tiempo para pensar en Ana, en los niños, en mi trabajo y en nuestras vidas. Aprendí lo importante que es el sacrificio, la voluntad para alcanzar lo imposible, y el espíritu de lucha inquebrantable para lograr el éxito en la vida.

Transcurrieron nueve días en los que pedaleamos más de cien kilómetros diarios. Nos poníamos en marcha cuando despuntaba el alba, casi a oscuras para arañar las horas más frescas del día. A mediodía, obligados por las altas temperaturas, nos deteníamos a comer y ya no reanudábamos la marcha hasta pasadas las seis de la tarde, todavía con una calima plomiza que invitaba a no mover ni un músculo. Caíamos rendidos por la noche allí donde nos llevaban las piernas. Buscábamos un albergue, un hospital de peregrinos o cualquier rincón para dormir. Hasta el suelo de un gimnasio nos parecía tan confortable y acogedor como una nube de algodón.

Todas las noches, a veces sujetando una pequeña linterna en mi boca, escribía los acontecimientos del día, los pueblos del trayecto, las gentes del camino. Todas las noches me acordaba de mis hijos y me dormía con una sonrisa de felicidad dibujada en la cara. Añoraba el cuento que leíamos al acostarnos. Me imaginaba a Eva, encajada entre mis piernas cruzadas, sentado yo sobre su cama y recostado en la pared, encorvado hacia ella, que llevaba puesto su pijama de rayas de colores de una pieza, que le hacía parecer como el mismo arco iris, el cuento desplegado frente a su cara, alumbrándole el rostro, resaltando sus mejillas eternamente encarnadas como recién pellizcadas y sus ojos radiantes, mientras esperaba ansiosa la lectura del mágico relato antes de dormir. Recuerdo el olor a lavanda de su pelo recién lavado, cayéndole por los hombros con suaves rizos castaños y, sobre todo, recuerdo sus pequeños pies ante mí, rollizos, con sus diminutos dedos como bolitas de papel abriéndose en abanico de menor a mayor.

A mi lado solía colocarse Álvaro, recién duchado con el mismo perfume infantil de su hermana y su permanente sonrisa, agarrado a mi brazo unas veces, sentado sobre sus rodillas otras, colgando de mi cuello o jugando sin parar sobre la alfombra de la habitación. Era mayor que su hermana, pero la hora del cuento era la hora de los sueños y ese momento tan especial donde nos juntábamos unos minutos para reír y soñar antes de abandonarnos a la noche no era negociable.

Leíamos bajo la relajante luz anaranjada de la lámpara de sal que iluminaba el cabecero de la habitación de Eva. Cuentos de contenidos particulares, cuentos de hadas, gnomos, príncipes y princesas, cuentos de los hermanos Grimm, todos encuadernados en pasta dura e ilustrados maravillosamente con vivos colores y personajes de ensueño. Cuántas veces habré leído *Adivina cuánto te quiero*. «¡Hasta la luna... y vuelta!» repetíamos a coro el final del relato. *Singhivis, el patito marrón, Turrón, el burrito con alas, El pez arcoiris, Edu, el pequeño lobo* o *Los niños de las raíces*, una oda a la belleza de la primavera y la Naturaleza. Cuentos con mensajes limpios que no se explicaban sino que quedaban flotando en el aire y el pensamiento, al arbitrio de la imaginación de los niños.

Nuestros favoritos eran *Perro Azul* y *¿Soy realmente diferente? Perro Azul* es la historia de una niña que se pierde en el bosque y un perro azulado la protege de las tinieblas de la noche encarnadas en una terrible pantera negra. La feroz lucha dura toda la noche, y finalmente, con el primer rayo de luz la pantera se retira vencida y *Perro Azul* acompaña a la niña a casa para no separarse más de ella. Nos recordaba mucho a Eva, tan temerosa a la oscuridad... Su lectura nos ayudaba a manejar sus miedos. El segundo es la historia de una mariquita con una sola motita negra sobre su roja capa, marginada por esta peculiaridad. En la búsqueda de una respuesta a su situación, encuentra que no hay dos mariquitas iguales, que todas son únicas y en esta unicidad reside precisamente la diferencia.

—Papá, mañana me llevo el cuento al cole para que lo lea doña Eladia en clase —comentó Eva una vez con los ojos entornados cuando, tumbada y arropada en la cama, me disponía a darle un beso de buenas noches.

—Me parece muy bien Eva. ¿Por qué te lo quieres llevar? Tienes que traerlo de vuelta, es tu cuento preferido.

—Es que muchos niños se meten con Elvira porque dicen que se queda mirando fijamente y no dice nada. Pero si Elvira es así, pues es así y ella no tiene la culpa,

¿verdad papá? —Le di un beso en la frente y acaricié la fina piel de su cara hundida en la almohada.

—Claro que sí cariño, claro que sí. —Dejé su lamparita de sal encendida como todas las noches y salí de allí frotándome los brazos con la piel erizada.

Todo esto se lo contaba yo a un peregrino en la noble ciudad de Viana, todavía en la comunidad foral de Navarra, una imponente ciudad amurallada del siglo XIII salpicada de innumerables blasones, escudos de armas colgados en las fachadas para perpetuar el recuerdo que distinguía en aquella época a los hombres ricos, la alta nobleza y la jerarquía de la Iglesia Católica. A Viana llegué solo pues Paula se vio obligada a hacer la ruta por carretera. El desviador del cambio de su bicicleta estaba dañado y su novio bajaba desde Bilbao con otra para que pudiese continuar el camino. Nos reencontramos al anochecer en el destino programado. A las cuatro de la tarde, bajo un castigo de cuarenta grados, paré a descansar en el albergue parroquial de la iglesia de Viana, habilitado para los caminantes. En una fresca habitación me encontré con un peregrino, solo, que descansaba tranquilo tumbado en el suelo, recogiendo el frío como hacen los perros en verano. Curioso hecho ya que habitualmente todos los albergues reventaban de gente. Aquel personaje singular, un madrileño de Alcorcón de pelo largo y lacio con la cara cortada y enjuta al que no adivinaba la edad, tenía más el aspecto de un macarra de los bajos fondos de las canciones de Sabina que de un peregrino en busca de redención. Pensé con cierta malicia que si me lo encontrase paseando por una calle de Madrid probablemente cambiaría de acera.

Pero aquel chico y yo conversamos durante más de dos horas, hasta que el sol nos dejó salir y nuestros caminos se separaron para siempre, yo con mi bicicleta y él con sus polvorientas y gastadas botas. Nos contamos nuestras historias y así supe que había dejado la droga hacía años y que de esa tortuosa relación surgió su indefinida edad, que adoraba el deporte y ahora incluso corría maratones y caminaba sin parar. Había rehecho su vida y quería agradecérselo al Apóstol. Me dijo que, a pesar de las llagas de sus pies, curadas con hilo y betadine (viejo truco del caminante), llegaría a toda costa a Santiago de Compostela para poder agradecer al Santo su suerte. Le escuché ensimismado, en silencio, preguntándome por qué juzgamos a la gente por su apariencia. No hablamos de nuestras pertenencias, ni de nuestros trabajos, ni de objeto material alguno. Ni falta que hacía. Sólo compartíamos las experiencias más profundas sin conocernos de nada, sin esperar nada uno del otro. Luego él me escuchó a mí con interés. Hablamos de Álvaro y de Eva, de los renglones torcidos de nuestras vidas, de la importancia de mirar más allá de la realidad material para darle sentido. Aquel humilde muchacho me dio que pensar largo rato, y cuando al final de la jornada me rencontré con Paula en Logroño, le conté con detalle tan extraño encuentro cuyo recuerdo me mantuvo despierto hasta que el agotamiento me sumió en la apacible sombra de los sueños.

Las jornadas comenzaban a las cinco y media para empezar a rodar sobrepasadas las seis de la mañana, cuando la escasa luz dejaba entrever las irregularidades del camino y permitía aprovechar las horas más frescas del día.

Seguimos escrupulosamente la ruta por todos los pueblos, y en cada uno de ellos paramos a sellar la compostelana y a conocer mínimamente la historia del lugar. Navarrete, Nájera, Santo Domingo de la Calzada, Tosantos, donde dormimos en un sucio y destartalado gallinero gestionado por una extraña pareja alemana que nos hizo sentir como en casa y nos obsequió con unas lentejas con chorizo y morcilla para cenar que se agitaron en mi estómago durante toda la noche. En cada lugar encontrábamos gente nueva de todas las regiones de España: valencianos, andaluces, catalanes, madrileños, maños... Comíamos y cenábamos en grupos de diez o quince, sin habernos conocido más que por ese corto lapso de tiempo convivido. Sin embargo, compartíamos un esfuerzo común que nos hacía miembros de un mismo clan y nos daba permiso para la amistad y la alegría, un esfuerzo que nos hacía cómplices del Camino.

En la cuarta etapa alcanzamos Burgos a media mañana y visitamos la catedral como siempre con el respeto debido y esa placentera sensación de logro que experimentas cuando llegas en bicicleta a tu destino. Sellamos las credenciales y descansamos durante una hora para continuar ocho o diez kilómetros más hasta Tardajos, donde paramos a comer. El insoportable calor convertía el aire en una irrespirable masa más caliente y seca de lo habitual, como el anticipo de algo que está por llegar.

Nos propusimos hacer noche en Castrojeriz, todavía a cuarenta kilómetros de donde nos encontrábamos, y reanudamos la marcha a pesar de la extraña sensación provocada por aquel manto de fuego que nos envolvía. A medida que avanzábamos, la tarde se hacía más plomiza mientras el cielo transformaba el claro azul en un gris negruzco que lo cubría todo rápidamente. Las primeras gotas y los truenos que resonaban en la lejanía anticipaban la tormenta que se nos echaba encima y allí, en medio del campo, la intranquilidad se apoderó de mí. Miré a mis compañeros de viaje y calculé mentalmente que, al ritmo que llevábamos —el calor había hecho mella en nuestras fuerzas—, tardaríamos al menos hora y media en llegar a Castrojeriz.

Cuando el primer rayo rasgó el cielo y la tarde se iluminó de repente, aceleré el paso. He vivido algunas tormentas sobre la bicicleta y la experiencia nunca me ha gustado. Como si hubiesen adivinado mis intenciones, los demás apretaron los dientes y nos apresuramos a llegar lo antes posible, mientras la lluvia arreciaba y el calor dejaba paso a la humedad y al frío.

Poco antes de llegar hubimos de refugiarnos en las ruinas del convento de San Antón a esperar a que escampara, empapados y derrotados por el agotador esfuerzo del empujón final. La cortina de agua que nos impedía continuar nos obligó a pasar la noche allí. Un año antes se había habilitado un refugio de peregrinos bajo aquellos muros góticos destartalados que rezumaban algo mágico y presente. El refugio constaba de tres austeros cobertizos para comer, dormir y asearse, un lugar limpio y cómodo a pesar de su desolado aspecto. Nos repartimos las literas militares de aquel barracón, nos pusimos ropa seca y nos preparamos para cenar.

Con la noche ya cerrada los rayos se sucedían a cortos intervalos y su azulada luz producía una sobrecogedora visión del esqueleto del convento, como si de repente te encontrases en el estómago de un gigante hueco y vacío que al iluminarse dejase ver sus huesos rotos y amenazadores. Nos sentamos protegidos de la lluvia a disfrutar del espectáculo con una plácida sensación de paz mientras el cielo poco a poco se abría y daba paso a miles de lucecitas brillantes entre las que me pareció ver, guasonas, las caras de Álvaro y Eva.

Comenzaban las etapas más largas por las llanuras de Palencia, rodando sobre largas rectas que dibujaban a ambos lados un dorado paisaje de trigales mecidos por el escaso viento que nos acompañaba esos días. Frómista, Carrión de los Condes, Sahagún y León, en el sexto día de ruta camino de Astorga. León nos maravilló con la majestuosa entrada a la ciudad que culmina en la catedral, mural multicolor de luz que te atrapa entre los muros de su portentosa arquitectura gótica. A partir de ahí el paisaje cambió radicalmente y comenzaron las rutas más exigentes y bellas del trayecto. Atravesamos ciudades repletas de Historia desde los tiempos romanos: Hospital de Órbigo, Astorga, Rabanal del Camino, al pie del alto de La Cruz de Hierro, lugar donde pedimos un ritual deseo, Ponferrada, Villafranca de Bierzo... Todo aquel paisaje se convirtió en una explosión de sensaciones que a cada momento nos maravillaban más y más. Nos pareció tocar el cielo cuando en pleno amanecer subimos el puerto del Cebreiro y nos asomamos a las silenciosas y fastuosas vistas que parecían no pertenecer a este mundo.

Poníamos rumbo a nuestro destino final. Habían transcurrido ocho días en los que nuestros cuerpos habían soportado más de novecientos kilómetros bajo un insoportable calor hasta que la última etapa nos condujo de Portomarín a Santiago de Compostela. Noventa y tres kilómetros de trayecto «rompe-piernas», como solemos llamar en el argot ciclista a las rutas que no te dejan descansar y recuperar las fuerzas. Tal vez por la ilusión de la llegada, fue para mí la más hermosa. Un paisaje verde y fresco, cargado de túneles de robles, seguidos de castaños y eucaliptos en un continuo vaivén de subidas y bajadas bajo un plomizo día nublado en el que el sol trataba de abrirse paso a empellones entre las nubes y las ramas de los imponentes árboles, creando un maravilloso contraste de brillantes luces y sombras. En Mélide, ya en la provincia de La Coruña, paramos a desayunar, mientras el bullicioso mercadillo del domingo en la plaza desperezaba a los habitantes del pueblo. El cielo se había despejado y el sol, para no perder la costumbre, comenzaba a apretar con saña.

Arriba y abajo, subiendo y bajando sin cesar, transcurrieron los siguientes cuarenta kilómetros hasta que nos detuvimos a comer antes de entrar en Santiago. La última parada obligada para los peregrinos la hicimos en el Monte del Gozo, y de ahí partimos directos hacia nuestro destino final. Entramos a las siete y media en la plaza del Obradoiro, y tuvimos la sensación de que era nuestra, de que allí estábamos sólo nosotros, ignorando que en realidad se hallaba abarrotada de peregrinos y turistas tumbados por todos lados admirando con deleite la impresionante fachada barroca del Obradoiro.

En esa imponente ciudad universitaria de extrema belleza que es Santiago de Compostela, me encontraba eufórico y feliz. Asistimos a la misa del peregrino y allí, entre los fríos y anchos muros de la solemne y majestuosa catedral de Santiago, hice mis promesas al Santo, recé por todos y supe, con la certeza del sol y la luna, que siempre me tendrían a su lado.

El año 2003 dio paso a otro que hizo añicos la expectativa política y marcaría el rumbo del país durante los siguientes periodos rescatando de nuevo los duendes de la inseguridad y enrareciendo el ambiente y la convivencia. El 11 de marzo de 2004 tuvo lugar el mayor atentado terrorista jamás perpetrado en nuestro país y el primero de índole yihadista. Diez explosiones simultáneas se produjeron en cuatro trenes de cercanías en plena hora punta, cuando la ciudad se desperezaba y la gente se agolpaba en los trenes para acudir al trabajo. De nuevo la brutalidad, el terror y la muerte; ciento noventa y dos personas perdieron la vida y cerca de dos mil heridos quedaron marcados por la incredulidad y el horror para siempre. De nuevo la sensación de vulnerabilidad e inseguridad. De nuevo la tristeza y la rabia de una ciudad herida en lo más profundo.

Las consecuencias políticas fueron inmediatas. La confusión sobre la autoría del atentado produjo una gran indignación popular y una riada humana se echó a la calle para culpar al gobierno de los atroces sucesos. Las primeras informaciones lanzadas por el Ministro del Interior apuntaban a la banda terrorista ETA como autora del atentado, pero poco a poco se fue desvelando la autoría yihadista. Ni el propio gobierno sabía qué estaba pasando, pero su actuación durante esas criticas horas se interpretó como una mentira detrás de otra con un interés político y eso le costó el gobierno de España al Presidente Aznar. El desgarrador atentado se produjo dos días antes de las elecciones generales y dejó teñida de sangre y lágrimas la jornada de reflexión previa a las votaciones.

La movilización ciudadana era imparable. A medida que salían a la luz informaciones nuevas y se desenmascaraba a los probables autores de los terribles hechos, el pueblo se congregaba abiertamente en todos los rincones para acusar de mentiroso al gobierno y culpar al Presidente.

En la oficina no dábamos crédito. Con el televisor encendido veíamos, como ocurriera unos años atrás, las imágenes del horror y el pánico reflejado en los rostros de las personas con la mirada perdida en un punto ciego del horizonte, tambaleándose alrededor de los trenes destrozados, con inmensos agujeros como si hubiesen sido atravesados por gigantescos meteoritos. Sangre y lágrimas. Terror y desesperación. Parecíamos revivir la trágica experiencia de los atentados del 11-s, solo que esta vez estaba muy cerca, excesivamente cerca, en nuestra ciudad, en nuestra propia casa.

La oficina era una locura. Intentábamos por todos los medios confirmar que nuestras familias se encontraban a salvo y los teléfonos politónicos crepitaban con llamadas que iban y venían sin cesar. Todos lo confirmamos. Todos excepto uno, Mateo, cuya encantadora y bella mujer viajaba en uno de los trenes. Mateo no conseguía contactar con ella. Nervioso acudió al lugar de los atentados y no la encontró. Nunca la encontró. Debía ir sentada en una de esas endiabladas mochilas cargadas de goma-2 ECO porque no quedó ni rastro de su existencia.

Mateo rehízo su vida unos años después, pero cuando volvió al trabajo, en aquellos días tristes, no se veían restos de su sonrisa. Con el tiempo arrastró con dignidad su pesar y me recordó esos momentos en los que uno se siente tan solo y tan perdido, repentinamente despojado de su futuro tal y como lo había planeado. Rememoré mi llanto profundo, mi solitaria penitencia y me compadecí de él. Unos meses después del atentado, mientras conversábamos apaciblemente, me narraba su dolorosa historia y, como si existiese una conexión oculta provocada por experiencias paralelas, le propuse humildemente que en un papel en blanco iniciase un diario, que escribiese lo que sentía para enjuagar su dolor.

Más adelante, cuando nuestros caminos ya se habían separado, me encontré con él y me recordó aquel día. Me dijo que comenzó a escribir a partir de aquel consejo y me lo agradeció de corazón. Me sentí contento y estremecido y noté el pulso ligeramente acelerado. Tuve que mirar al suelo varias veces para disimular la emoción que obstinadamente se empeñaba en asomar por mis ojos.

6

La fuerza no procede de las capacidades físicas.
Procede de una voluntad invencible.
GANDHI

Apuntes del diario. 24 de marzo de 2005

Me he dado cuenta de que a lo largo de estos años el verdadero esfuerzo lo hemos hecho nosotros solos. Sí, es cierto que todos a nuestro alrededor se muestran muy comprensivos y tal vez esto sea todo lo que se deba pedir, pero la realidad es que muy raramente la comprensión se transforma en acción y es precisamente la acción la que marca el progreso de las cosas. Tanto Álvaro como Eva hacen avances espectaculares y la carga de esta marcha se apoya únicamente sobre nuestros doloridos hombros. Y me temo que así será por mucho tiempo, aunque no nos importa en absoluto. La felicidad que observamos en los niños es tan inmensa que compensa cualquier esfuerzo puesto en ello. No hay nada más hermoso. Espero que dure muchos, muchos años.

Miro por la ventanilla del avión. Son las seis y veinte de la tarde y, bajo un precioso ocaso rojizo, se extiende un manto de campos blancos. Sobrevuelo Suiza.

Avanzábamos paso a paso, buscando alternativas que fueran cimentando nuestros logros. Por aquel entonces, más seguros y calmados, conscientes de que íbamos por buen camino y con la tranquilidad de haber encontrado la escuela que necesitaban nuestros hijos durante los años iniciales, se empezaron a aclarar los tres elementos que a la postre representarían los principales pilares de nuestra vida: la salud, la educación y la familia. Retrospectivamente, cualquier decisión tomada en aquellos tiempos podría encajarse en alguno de esos tres ejes. Y no han sido pocos ni pequeños los sacrificios a los que en ocasiones nos hemos visto abocados, pero el hecho de encontrarles un sentido dentro de esa triada afianzó nuestras decisiones y nuestra convicción de que lo que hacíamos era lo correcto.

Desde el primer momento desafiamos el estatus quo; no nos atraían los convencionalismos establecidos. Los primeros contactos con el síndrome X-Frágil nos dirigían sin remedio hacia medicamentos de diseño para el control de la hiperactividad, la mejora de la concentración y, quién sabe, el mayor desarrollo intelectual de nuestros hijos. Las investigaciones mostradas por Paul y Randi Hagerman en el primer congreso internacional sobre el síndrome X-Frágil celebrado en Barcelona en 2004 parecían abrir una puerta a la luz. Por lo menos un equipo investigador en EEUU y otro en España trabajaban coordinados para difundir los últimos avances médicos y terapias específicas para este desconocido síndrome.

Allí, sin excesivas ganas de relacionarnos con nadie, nos cruzamos con otros padres en busca de respuestas, con otras personas que dedicaban su tiempo y su trabajo a luchar por una causa común: dar a conocer un síndrome que, con el diagnóstico prenatal correcto, podía incluso llegar a evitarse. Tras aquellas conferencias, cargadas como nubes de tormenta, supimos de primera mano que los sueños sólo se convierten en realidad después de la batalla contra la adversidad y que esa batalla la libran los directamente implicados en ella. Es una lucha particular, propia, solitaria. Un camino que únicamente podemos recorrer nosotros. Un intento por cruzar la distancia entre lo posible y lo imposible. Nos propusimos atravesar ese desierto con voluntad y mucho amor.

Resolvimos no medicar a nuestros hijos. Por supuesto que deseábamos desarrollar todo su potencial intelectual, cómo no, especialmente cuando ya sabíamos cuáles eran las principales consecuencias del síndrome, pero no cabía en nuestra cabeza, y sobre todo en la de Ana, que Álvaro y Eva tuviesen que depender durante toda su vida de unas pastillas con quién sabe qué efectos secundarios.

Planteamos nuestra propia estrategia. Pensamos que la mejor forma de abordar el tema era, en primer lugar, con la educación en su sentido más amplio: un entorno tranquilo, apoyo continuo y cercanía familiar de abuelos, tíos, primos, etcétera. En segundo lugar, el deporte como medio indispensable para resolver su hipotonía, para inculcarles el espíritu de superación y de lucha. Y finalmente con una alimentación sana, alejada de los dulces y empalagosos azúcares, las hamburguesas y la grasa. Una dieta mayoritariamente mediterránea y verde, ecológica en buena parte, sin gluten en la medida de lo posible y repleta de fruta fresca.

Ni que decir tiene que la mejor forma de hacer que las cosas sucedan es con el ejemplo, así es que cualquier acción emprendida en estos tres ámbitos nos incluía a Ana y a mí sin discusión. Y así lo hicimos: sustituimos el presupuesto de salidas a cenas y copas con amigos por el sobrecoste de la dieta ecológica, por las actividades deportivas y por unos medicamentos homeopáticos sangrantes para el bolsillo medio que, en los comienzos, incluso importábamos de Francia.

Nuestro objetivo final era, naturalmente, dotar a Álvaro y a Eva de las herramientas necesarias para que llegado el momento gozasen de la autonomía suficiente que les permitiese desenvolverse en la vida con seguridad y carácter, y que dichas herramientas fuesen calando en ellos como lluvia fina, como un poso que se asienta suavemente y cuando quieres darte cuenta te cubre bajo el manto de una personalidad inquebrantable.

Ana ha luchado más que nadie y se ha sacrificado como pocos se atreverían. Quizás porque se ha sentido más responsable o puede que sencillamente porque asumiera el papel de madre dedicada como parte de su nueva misión en la vida. Desde que la conozco, hace más de treinta años, ha trabajado incesante y apasionadamente por todo lo que ama. En su personalidad se entremezclan un permanente torbellino interior que la mantiene en constante movimiento y que no acaba de dominar y una aplastante paz externa capaz de transmitir la más absoluta tranquilidad y confianza. La batalla que libera para resolver tal dualidad la acompañará siempre y no parece tener más salida que el mantenimiento del delicado equilibrio entre ambas.

Se licenció como veterinaria por pura vocación, porque adora a los animales. En ocasiones, durante la cena, me contaba las operaciones que había hecho esa semana a los animalitos, porque cuando Ana habla de animales siempre lo hace en diminutivo, como si eso les hiciese más humanos, asemejando a pequeños niños a los que hay que tratar con mimo. Yo la miraba con cara de asco y le decía, «¡Ana, que estamos cenando!» Pero ella no se callaba, seguía hasta terminar su historia y disfrutaba con mi gesto torcido. Nada más acabar la carrera cursó unas prácticas en el Zoo de Madrid. Éramos muy jóvenes, aunque ya llevábamos muchos años juntos. Aquella etapa se grabó en su memoria como un tatuaje, cuando le permitían llevarse a casa pequeñas crías para alimentarlas con biberones por las noches: Paquito, un mono gibón de manos blancas nacido en cautividad y acostumbrado, como muchos otros, a dormir siempre abrazado a un muñeco de trapo. A Paquito se le alimentaba con biberón desde que su madre le provocó un labio leporino de tanto lamerle al nacer. De ojos saltones y brazos muy largos y delgados, cuando se estiraba dejaba entrever una barriga ancha y gorda como su cabeza y, divertido, se balanceaba hasta engancharse con los pies y se movía por tu cuerpo de la misma forma que lo haría por su árbol favorito. O las pequeñas crías de guepardo, arremolinadas unas contra otras, semejantes a salvajes gatitos con las uñas y los dientes afilados como agujas de coser, buscando ansiosas la tetina del biberón que Ana les preparaba.

Sin embargo, mi mujer no dudó en abandonar su apego a la profesión cuando conoció el diagnóstico de Eva. A pesar de las muchas dificultades de su carrera, a pesar de lo mucho que amaba lo que hacía, nada era tan importante para ella como sus hijos. Tal vez otras personas habrían luchado contra su destino. Tal vez otras personas habrían buscado otras soluciones, Ana no. Ella cambió su vida de forma radical y pocos años después recondujo su carrera hacia la educación.

Dedicó tres años a formarse como maestra Waldorf, conmovida por los efectos de este tipo de educación en los niños y para asegurar que el apoyo escolar tuviese su correspondencia en el entorno familiar. En 2009 se licenció con honores como maestra de audición y lenguaje por la Universidad de Lasalle, donde pronunció orgullosa su discurso final, y participó y fue protagonista de excepción en la creación de la primera escuela Waldorf inclusiva de España. Desde entonces siempre está inmersa en cursos de todo tipo, algunos para aliviar su espíritu pero en su mayoría orientados a los demás.

En su ejercicio como veterinaria, Ana ya se daba cuenta de que incluso a los animales se les recetaban más medicamentos de los necesarios. La necesidad de tranquilizar a un cliente ansioso por encontrar una solución casi inmediata y la presión de facturar para un insaciable jefe empujado por la avaricia de la industria, hacía que los animales fuesen medicados en exceso sin justificación aparente. Pronto comenzó a pensar en la homeopatía como alternativa a la medicina tradicional, y la trasladó al mundo animal. Hoy en día la homeopatía, puede considerarse como una rama más de la medicina, pero en aquellos años la celosa industria farmacéutica y el entorno médico se encargaban de denostarla amparados en la inexistencia de estudios empíricos que avalasen la eficacia de sus resultados.

Ana, tozuda como una mula, dejó claro que la habitual eliminación del síntoma no era solución. Se adelantó a su tiempo y decidió que la homeopatía y sus efectos a largo plazo en la salud eran la forma de prevenir enfermedades futuras.

A mi alrededor, por todos los rincones de la casa, siempre he visto decenas de botecitos celestes conteniendo miles de bolitas azucaradas: hipérico, apis, belladona, oscilococcinum, árnica, y un larguísimo etcétera de preparados y combinaciones naturales destinados a reforzar las defensas del cuerpo. Casi sin darme cuenta me vi envuelto en el entramado que Ana, con o sin mi permiso, ponía en marcha ya para siempre.

Álvaro y Eva aceptaban la homeopatía sin rechistar; les encantaba ese dulce sabor a caramelo tan característico. Jugueteaban con las bolitas bajo la lengua hasta que desaparecían disueltas con la saliva. Lo cierto es que ambos gozan de un sistema inmunitario fuerte y han necesitado escasa medicación en su vida. Sólo cuando su naturaleza se muestra incapaz de resolver la enfermedad, su madre, con criterio, decide acudir al consejo del médico.

La segunda prioridad, una vez resuelto el tema de la medicación, consistía en trabajar la mente a través del ejercicio. «Mens sana in corpore sano»; no podíamos imaginar una propuesta mejor y más natural para el desarrollo físico y mental de nuestros hijos que educarlos en la disciplina del deporte.

—¡La que está cayendo esta tarde! —se quejaba con amargura una madre mientras intentaba cobijarse bajo el estrecho alero del amplio ventanal del polideportivo Espiniella, en Las Rozas. Su hijo, como los nuestros, nadaba tranquilamente en el interior mientras los padres procuraban cubrirse del frío y el agua racheada sin perder de vista a sus pequeños renacuajos.

—Ya lo creo, chuzos de punta. Así llevamos toda la semana —respondía otra madre a su lado con el paraguas ligeramente girado contra el viento para evitar que se volviese del revés. A Ana, atenta a la conversación, el comentario le parecía oportuno pues la tarde era terrible, pero ella ya llevaba acumuladas muchas jornadas como aquélla, y una más no le producía ningún espanto. Un día más, estaba preparada.

Espiniella es un polideportivo pequeño, situado a apenas cien metros de nuestra casa, que se inauguró a finales del 2001 como reza la placa conmemorativa que cuelga a su entrada. Su piscina de veinticinco metros no es precisamente una obra de ingeniería espacial y pondría la mano en el fuego a que el arquitecto que la diseñó no había usado ninguna en toda su vida. Dos muretes rematando los lados cortos evitan que el agua rebose por los cuatro costados, provocando incómodos oleajes al chocar contra ellos y una fea cinta de suciedad a ras del agua.

El mismo día que lo inauguraron, fui a nadar a última hora de la tarde. Olía a nuevo y a cemento, como las casas recién estrenadas a las que les falta el calor humano para completarlas. Por allí no se veía más alma que la solitaria recepcionista y el socorrista de la piscina. Algún ruido en el fondo hacía suponer que el personal de mantenimiento también andaba cerca. Su horario les obliga a permanecer abiertos hasta las diez de la noche. Ese día, televisaban un interesante partido de fútbol.

A las nueve y treinta únicamente yo flotaba en el agua y me pareció que incluso me encontraba solo en todo el pabellón. Pensé que le estaba reventando el partido al socorrista y le propuse:

—Oye, si quieres ver el partido me voy, ¿eh? —Me preguntaba qué pintaba yo allí a esas horas fastidiando a ese pobre hombre que seguro que tenía cosas mejores que hacer que vigilar si me ahogaba.

Se rió.

—¡Ya me gustaría!, pero si no me quedo hasta el cierre no me pagan... —y yo me zambullí a toda velocidad pensando en el ridículo que acababa de hacer.

Al poco tiempo abonamos a Álvaro, y luego a Ana y a Eva. Y hasta hoy.

Desde muy joven he vivido el deporte de cerca. Perseguíamos a mi padre mientras practicaba tenis cuando éramos niños. Jugaba con sus amigos en cualquier lugar que ofreciese el espacio suficiente y le recuerdo nítidamente pintando las líneas con cal viva sobre un terreno casi siempre bacheado e irregular. Hoy podrían considerarle un insensato pero en aquellos tiempos o te apañabas o no jugabas. Tonteábamos con la raqueta y, poco a poco, se convirtió en el deporte oficial de la familia. El tenis fue la pasión de mi juventud. No era buen jugador pero tampoco era malo. Me fallaba el espíritu competitivo. No es que no quisiera ganar, claro que quería, pero no me importaba perder. En este punto siempre fui diferente de mi padre o mi hermano. Para ellos lo importante era ganar, para mí jugar bien, aprender y mejorar. Álvaro ha heredado su espíritu competitivo: busca notoriedad, y se vuelve irascible si las cosas no le salen como pretende. No lo desapruebo, aunque tampoco lo comparto. Quizás porque no lo entiendo o lo veo como un gasto inútil de energía. Eva, sin embargo, se parece más a mí; no le interesa salir en los papeles; es más reservada y rechaza que se ventilen sus logros.

Paradójicamente, soy un tipo competitivo, aunque la competitividad la he guardado siempre para enfrentarme a mí mismo. Haga lo que haga, siempre han sido mis límites los que he buscado y no los de los demás. Para mi desgracia, nunca estoy del todo satisfecho con lo que consigo y eso me convierte en un permanente inconformista que no acaba de cumplir con sus propias expectativas. Quizás por eso nunca encuentro motivos para presumir de nada, porque tampoco tengo razones para ello pues en todo momento creo que lo que hago es mejorable. Mi nivel de exigencia es muy alto. Conmigo y con los demás. Lo he llevado al plano personal y al profesional y eso me ha generado no pocas frustraciones, pero siendo consciente de ello he conseguido modular este aspecto de mi carácter e integrarlo en mi estilo para exprimir su potencial al máximo.

Todavía hoy en día, pasados los cincuenta, encuentro las fuerzas necesarias para zambullirme en el agua a diario, muy temprano, antes de acudir al trabajo. Allí, en lo que considero el mejor desayuno disponible, concentrado en la respiración coordinada con cada brazada, notando el suave arrastre del agua por toda mi piel, busco a los mejores nadadores y me fijo en su método para perfeccionar el mío. Soy capaz de nadar más de dos mil metros cada mañana de forma tan eficiente y en tiempos tan aceptables que pocos jóvenes a mi alrededor consiguen alcanzarme. Y aún así, sin necesidad aparente, sigo buscando la forma de mejorar.

Ana también se ha educado en el deporte. Compitió y destacó en las exigentes pistas de atletismo cuando era niña y siempre se ha mantenido en forma, acompañándome en rutas ciclistas o nadando largas distancias con regularidad suiza. Con estos precedentes, incluso antes de conocer los diagnósticos del síndrome y sin intuir lo importante que sería para Álvaro y Eva mantener un buen estado físico, ya teníamos claro que el deporte formaría parte integral de nuestro camino. Sin sobreexigencias, simplemente fundiéndolo en nuestro día a día, convirtiéndolo en parte de nuestra rutina. A diferencia de otros muchos niños, la motivación de nuestros hijos para la práctica deportiva ha sido muy alta porque nos han tenido a su lado en todo momento.

A los seis meses de edad los metimos en el agua con nosotros y ya nunca salieron de ella. Casi sin excepción, han nadado tres o cuatro días semanales desde que nacieron y han incorporado esta práctica con la naturalidad de los peces sin quejarse nunca de tan exigente rutina. Los primeros años su madre o yo les acompañábamos en todo momento (para ser sincero más ella que yo que en ocasiones salía a toda prisa de la oficina para llegar a recogerles al finalizar su clase). Les ayudaba a cambiarse en un vestuario reducido, saturado de niños chillones y padres sudorosos por el insoportable calor húmedo que escupían todas las duchas abiertas al unísono. El traje se me pegaba al cuerpo y salía de allí sudando con las gafas empañadas resbalándome por la nariz, como si hubiese terminado una etapa ciclista.

Hasta los siete años está permitido que los niños entren en el vestuario del sexo opuesto y, como Ana y yo nos turnábamos, Eva entraba conmigo y con su hermano al vestuario de hombres. Ocurre que Eva siempre ha sido una niña grande que aparenta más edad de la que tiene, y un día, un abuelito tapando con su toallita el colgajo que asomaba por debajo del trapito, me cuestionó que si no me daba vergüenza llevar a una niña tan mayor al vestuario masculino, y se encaró conmigo explicándome que se sentía incómodo desnudo frente a ella. No quise entrar como el toro al capote y dejé el argumento, dicho en voz alta, flotando en el aire hasta que se desvaneció. Lo cierto es que tras el comentario Ana y yo empezamos a ir los dos a recoger a los niños por separado, porque compartía la preocupación de ese señor y me costaba seguir llevando a Eva a ese lugar sólo para hombres.

A partir de ese momento me encargué sobre todo de Álvaro, que ya hacía tiempo que se cambiaba solo y yo únicamente intervenía para atarle los cordones de sus zapatillas. Es muy curioso que no distinguiera bien la derecha de la izquierda y el revés del derecho. Bien podía ponerse los zapatos en el pie contrario que los calzoncillos dados la vuelta o liarse con la camiseta. Pero ese trabajo de aseo y vestimenta era importantísimo que lo hiciese desde muy pequeño sin ayuda.

Él iba a lo suyo como uno más, jugaba en las duchas con sus compañeros y se cambiaba de ropa mientras yo le esperaba un buen rato fuera, unas veces leyendo un libro y otras, las menos, charlando con otros padres.

Una tarde, mientras nos cambiábamos (a veces yo aprovechaba para nadar en la calle libre durante su clase) el padre de una niña que nadaba con Eva no quitaba ojo a Álvaro que, lejos de mí, se movía a su ritmo por el vestuario. Cuando terminé de vestirme, salí a esperarle fuera. Como todos los chavales, Álvaro demuestra su independencia no queriendo saber nada de sus padres cuando tiene a sus colegas cerca. Me senté a esperar y me abandoné al correo electrónico en el móvil. Al poco tiempo salió el hombre y se sentó a mi lado. Me extrañó porque salió descalzo, con los pies aún mojados y las zapatillas y los calcetines en la mano, dejando las huellas de agua en el pasillo. Ya me parecía un tipo curioso con ese corpachón casi gigante y esa cara de inglés que no podía ocultar, sonrosada, más si cabe después del ejercicio físico.

—Ese chaval, ¿es hijo tuyo? —me preguntó curioso con su acento inglés como me imaginaba, mientras se secaba un pie para ponerse el calcetín. Parecía no tenerlo claro porque Álvaro y yo nos cambiábamos en extremos diferentes. Él a lo suyo y yo a lo mío.

Levanté la mirada del teléfono y contesté:

—Sí.

—Es un poco «rarito» ¿no? —«Joder, ¡qué huevos!», pensé.

—¿Rarito? —pregunté de vuelta como si no le hubiese escuchado bien—. ¡«Rarito» eres tú! —le solté de sopetón mientras se secaba el otro pie y sus rosadas mejillas se volvían blancas como la leche—, ¡que sales a ponerte los calcetines al pasillo y traes a tu hija con el pijama puesto a la piscina! —Casi le gritaba, indignado. ¿Por qué coño tiene la gente que meter las narices donde no la llaman? Aquel gigantón, que podía haberme barrido de un golpe con su enorme mano, se achantó, se levantó y se fue de allí aturdido, con los cordones sin atar.

La siguiente vez que nos cruzamos en la piscina vino directo hacia mí y se disculpó tantas veces por su torpeza que tuve que tranquilizarle. Su mujer le había regañado por lo torpe que se había mostrado en el manejo del lenguaje y se avergonzó profundamente de su actitud. «Eso le honra», me dije a mí mismo. Y, casi divertido por su exagerado arrepentimiento, le perdoné.

Anécdotas aparte, la natación les ha fortalecido, ha modelado y ensanchado sus cuerpos, ahora delgados y esbeltos, ha reducido la hipotonía muscular de Álvaro, ha endurecido sus corazones y mejorado la coordinación motriz de piernas y brazos, proporcionándoles equilibrio emocional y seguridad en sí mismos. Hemos dedicado innumerables tardes de espera en la piscina, mes tras mes, año tras año, cuando el frío arreciaba o el sol apretaba con fuerza, sin importarnos otra cosa que cumplir con la necesidad de los chicos.

También en edades muy tempranas aprendieron a montar en bicicleta. Casi bebés, cuando apenas empezaron a sujetar la cabeza, Ana y yo les paseábamos en las cimbreantes sillitas enganchadas a la tija de nuestras bicicletas, sentados detrás de nosotros, asomándose a derecha e izquierda para poder ver algo más que nuestras espaldas curvas. En el camino canturreábamos una alegre canción concebida sobre la marcha: «Nos vamos de paseo con la bici, con la bici de papá», arrastrando y acentuando con fuerza todos juntos entre risas la palabra papá o mamá indistintamente.

Corría a su lado por las tardes armado de paciencia, sujetándoles para que no se cayeran mientras la bicicleta trazaba alocadas curvas a un lado y a otro, hasta que a trompicones aprendieron a mantener el equilibrio y, poco a poco, empezaron a soltarse. Nunca les exigí hacerlo, nunca los dejé caerse. Siempre procuré que ellos mismos fuesen adquiriendo seguridad y confianza mientras yo los escoltaba, pegado a ellos, tratando de que me sintiesen siempre a su lado. Y cuando sus pequeñas piernas comenzaron a fortalecerse, planificábamos rutas en familia por el campo haciéndolos partícipes de la recompensa que supone encontrarse bien con uno mismo después del esfuerzo.

–Álvaro, ¡por la derecha! ¡Hay que ir por la derecha! –exclamábamos continuamente su madre y yo–. ¡Te puede atropellar un coche, hombre! ¿Es que no te das cuenta?

–Sí papá siiiii –contestaba él irritado por el estrecho marcaje, y volvía a situarse en la izquierda para mi desesperación. Al final desistimos y cuando le dejamos moverse solo por los caminos, rezamos para que se diese cuenta por sí mismo de que en España se conduce por la derecha.

Con los años han seguido practicando diversos deportes: unos años atletismo y otros baloncesto, aunque siempre han mantenido la natación como el ejercicio de fondo necesario para un equilibrio global de cuerpo y espíritu.

La educación conformaba la tercera y más importante prioridad en nuestra vida. Sentíamos que el mundo no estaba preparado para atender a nuestros hijos. Conformarnos con lo existente hubiese sido rendirnos a lo fácil, a lo comúnmente aceptado ante la falta de alternativas, y a la vez era insuficiente. No nos gustaba lo que veíamos ni lo que escuchábamos sobre la integración infantil en los colegios.

En una ocasión, cuando Álvaro y Eva aún eran muy pequeños, todavía empezando a andar, acudieron al cumpleaños de su prima María que se celebraba en un parque infantil abarrotado de juegos laberínticos, con piscinas repletas de bolas multicolores, música a todo trapo y una gran excitación tras la merendola y las carreras. Me agobié buscando a Álvaro entre tanto alboroto y trataba a veces de seguir sus piernas para no perderlo de vista en el reducido espacio de gomaespuma y plástico de aquel laberinto de tres plantas, atento a si tenía que entrar corriendo a buscarle, sintiéndome cobarde por no querer dejarlo solo jugando mientras el resto de padres, por fin liberados de sus hijos, se divertían alrededor de unas cervezas. Cuando salimos y miramos a un sudoroso, cansado y muy excitado Álvaro, ya sabíamos que nunca más asistirían a un lugar así.

Las escuelas Waldorf te enseñan otra forma de entender la educación. En palabras de su fundador, Rudolf Steiner, filósofo y pensador de finales del XIX y comienzos del siglo XX, el objetivo de la pedagogía Waldorf no es otro que el de «formar seres humanos libres, capacitados para establecer por sí mismos su meta y dirección para sus vidas». Una simple frase de un sentido aplastante, que promueve la libertad individual y el derecho a elegir de cada persona.

La escuela se salta los estereotipados convencionalismos y los sustituye por normas propias de otras épocas que eliminan lo superfluo para centrase en la educación en sí misma. No se recomiendan y casi ni se aceptan las marcas comerciales; a la escuela se va vestido, nunca en chándal; no se juega al fútbol sino al baloncesto, un deporte más caballeroso y elegante; el plástico se sustituye por la madera; los tintes, las ceras y los lápices de colores son naturales; la comida ecológica; los niños mayores cuidan de los más pequeños; la televisión se prefiere evitar para dejar paso a la fantasía. Se impone el compañerismo, la ayuda, la imaginación a través del cuento y el juego. Se respeta al maestro, que no profesor, y éste hace lo propio con la individualidad del niño: le enseña y aprende con él. La pedagogía Warldorf supone un verdadero trasiego de conocimiento en todas direcciones donde la relación padre-maestro-alumno se estrecha en una colaboración sin límites buscando una educación donde cada participante tiene unas responsabilidades concretas que cumplir.

Eva derrochaba imaginación a través de sus coloridos dibujos. Me adoraba, yo me había convertido en su héroe y casi todo lo que pintaba me lo dedicaba y me lo regalaba a la vuelta del trabajo. Su madre la miraba orgullosa. Casi siempre representaba el arco iris o el sol, resplandeciente sobre un cielo muy azul y toda la familia alrededor, de pie sobre un manto verde cubierto de puntitos encarnados a modo de amapolas en primavera. Los dibujos no tenían rostros definidos, como les enseñaban en la escuela, pues así se fomentaba más la fantasía, pero era fácil adivinar quién era cada uno. Y cuando en lugar de las ceras utilizaba la acuarela, los cuadros se convertían en una explosión de colores mezclados sobre un papel apergaminado, secado al sol, mostrado formas extrañas como si mirases a través de un caleidoscopio.

Ana se tomó muy en serio la educación de Álvaro y Eva y no se conformó únicamente con lo que aprendían en el entorno escolar. Dedicaba las tardes a jugar con ellos y a hacer las tareas evitando en todo momento la caja tonta, que estuvo prohibida siempre hasta el sábado, cuando, entusiasmados, se relajaban viendo una película de animación. Las tardes se dedicaban al juego educativo desplegado en la buhardilla de casa con madera y hierro. Unos juegos sensoriales, otros para sumar y restar, otros para aprender a leer y divertirse, una cocina de madera hecha a mano, con su escoba, su delantal y sus cubiertos. Eva pintaba y pintaba sin parar, consumiendo sus ceras en las montañas de papel reciclado infestado de números confidenciales que yo llevaba a casa de la oficina y que se volvían irrelevantes con los brillantes colores de los alegres dibujos de Eva.

En el quinto cumpleaños de Álvaro organizamos una pequeña fiesta en el sótano de casa. Él mismo preparó la lista de invitados con todos sus compañeros de clase. Por aquel entonces en la escuela les estaban explicando las hazañas de los caballeros andantes que rescataban doncellas y vencían dragones en nombre del honor y el amor y quisimos utilizar ese maravilloso marco para prepararlo. Creé la figura del Caballero Oscuro, un héroe enfundado en su negra armadura sobre un caballo azabache al servicio de las causas nobles y el rescate de princesas de los incendiarios monstruos alados. Preparé un cuento, «El Caballero Oscuro y las pruebas de valor» que leí en un tenue tono de voz, como hacía su maestra, mientras una decena de niños escuchaban atentos sin mover una pestaña. Luego, uno por uno superaron las pruebas imaginarias que preparamos para ellos: caminar por una tabla sobre lava ardiente, tocar el cielo al subir por la espaldera hasta el techo, atravesar el túnel del deseo reptando como serpientes... Y al final todos ellos fueron nombrados caballeros y recibieron un arco y unas flechas de punta de trapo que Álvaro y yo habíamos trabajado entre risas el fin de semana anterior con madera flexible y guita.

Veíamos que esta perspectiva educativa era ideal para nuestros hijos y también para nosotros, pero suponía un sacrificio respecto a las costumbres habituales que tenía un precio. Lo pagamos con sumo gusto. Lo más interesante es que nosotros también salimos muy beneficiados. Personalmente he aprendido tanto educando a mis hijos que dudo que jamás pueda devolverles el favor. Hasta se diría que ellos me han educado a mí. Han sido pacientes en el aprendizaje, generosos en el esfuerzo, solidarios en la comprensión, atrevidos en el intento. Y yo he madurado con ellos y llevado ese regalo a mi particular estilo en la familia y en la empresa. Gracias a los dos.

7

La adaptabilidad no es imitación. Implica
capacidad de resistencia y asimilación.
GANDHI

Apuntes del diario. 22 de junio de 2006

Qué curioso, hoy hace un año exacto que retomé el diario. Voy de camino a París donde confirmaré mi nueva posición como director general de una importante multinacional de alimentación. Profesionalmente es todo un reto. Personalmente supone un sacrificio que espero que Ana y los niños sepan encajar. Ando un poco asustado; me abruma la responsabilidad y me pregunto si a mis cuarenta y dos años tendré experiencia suficiente. Pero a la vez me apasiona. No sé cómo irá, pero sí sé que sólo hay una cosa a la que no afectará: a mi familia.

Este año 2006 han pasado muchas cosas. La salida de Gillette no ha sido fácil y ha generado momentos de demasiada tensión a los que me había desacostumbrado. Además, ha sido un año de un bajón físico incomprensible que me ha obligado a reducir muchísimo mi actividad e incluso casi olvidar mi deporte favorito en la montaña. También lo he notado con los niños puesto que me encuentro menos participativo y activo con ellos. ¡Tengo que cambiar eso! Siento que los dos me necesitan más que nunca y no puedo fallarles.

Todo llega a su fin. Las decisiones que uno toma en la vida son elecciones personales. A pesar de que el mundo ahí fuera es despiadado y te juzga sin contar contigo, no podemos culpar a otros de lo que nos pasa, y en todo momento tenemos que ser consecuentes con las implicaciones derivadas de nuestras acciones.

El 2005 fue un año muy exigente en el trabajo. Nada más comenzar el mes de enero, el mismo día que acababa la cuenta atrás para el lanzamiento de un producto revolucionario que nos había llevado intensos meses de trabajo, aparecía en los medios de comunicación la venta de Gillette a otro gigante mundial, Procter and Gamble. La noticia nos sorprendía como una tormenta en agosto y nos costaba creer que hubiese una boca tan grande capaz de tragarse a un monstruo del tamaño de nuestra organización.

Los procesos de integración de empresas son selectivos, como un encierro de animales donde escasea la comida. El primero que sale es el que no lo da todo. No hay lugar para la debilidad y la actitud ante el cambio es la única herramienta disponible para escalar posiciones entre los elegidos a continuar. Bueno, la actitud y los padrinos, si los tienes.

Cuando cursaba el MBA, a comienzos de los años noventa, cayó en mis manos un interesante libro sobre políticas de empresa y comportamiento organizacional: *The ropes to know, the ropes to skip* (qué teclas tocar y cuáles no). Me enseñó que antes de hablar hay que escuchar, incluso lo que no se oye. La experiencia me ha confirmado, en innumerables ocasiones, la importancia de observar y escuchar mucho y hablar poco. Con prudencia trato de ajustarme a esta premisa, aunque presumo de ser muy directo, de decir siempre las cosas que pienso sin apenas rodeos. En los entornos multinacionales, en los que es necesario medir el impacto de cada palabra antes de pronunciarla, no siempre me ha ido bien hacerlo así, pero en el momento crítico que atravesábamos entonces me mantuve fiel a mi estilo y a mis valores afianzando mi lealtad a la empresa pues sentía un profundo respeto a su herencia cultural.

Sin embargo, a pesar del aval de los buenos resultados de las divisiones que dirigía y de mi compromiso personal, el pálpito me dejaba claro que sería muy difícil permanecer allí. Era obvio, además, que habría miles de despidos en el mundo y que la empresa compradora nombraría la mayor parte de los premiados con la suerte de continuar, realidad que me afectaba muy directamente.

No estaba muy preocupado, a decir verdad nunca lo he estado. Durante once años me volqué en todo momento en mi trabajo, entre otras cosas porque me apasionaba lo que hacía, pero a la vez me construí un armazón en el que el único protagonista de mis actos era yo mismo. Bajo mi concepción, el trabajo no es más que un medio. Tú me das, yo te doy. Y por ello pagas. Y un día, se acabó; unilateralmente, de un lado o del otro. No hay culpables, son las circunstancias del momento.

Probablemente esta forma de pensar determinó mi obsesión por la formación continua y, tras ese paradigma, parapeté mi carrera en el conocimiento, para tener siempre la libertad de elegir. Lo único que debe quedar es el poso del trabajo bien hecho, el recuerdo de haber sido un buen profesional y un buen compañero y la siempre incierta confianza de haber tomado las decisiones adecuadas.

Con frecuencia nos enfrentamos a hechos cuya razón se defiende desde diferentes ángulos sin que deriven en conclusiones que nos permitan alcanzar consensos. La verdad puede mostrar muchas caras. En realidad, no hay verdades absolutas, todo es relativo. Cada decisión está sujeta a los condicionantes que proporciona el contexto en el cual se ha tomado. Y eso significa que lo que hoy puede interpretarse como un error, en otro momento pudo ser la mejor opción. El contexto proporciona el marco de actuación.

En el escenario que se desplegaba ante mis ojos tenía que tomar una decisión definitiva.

Hurgué en mis valores para no equivocarme y me aferré a los cuatro principios básicos que a menudo antepongo a mis acciones y decisiones: la coherencia en las actuaciones personales, en la comunicación, en lo que se dice y en lo que se hace; la responsabilidad, para hacer las cosas bien, para llevarlas a sus últimas consecuencias, para valorar el impacto de las decisiones en el futuro y actuar de manera acorde, y para aceptar el compromiso; la honestidad, para pensar en el bien del grupo por encima del personal, para decir las cosas como son, guste o no, para vivir con la conciencia tranquila; y la prudencia para tomar las decisiones con la perspectiva y el análisis suficiente, aceptando riesgos ponderados, asegurando que lo que se hace se puede hacer y evaluando sus implicaciones e impactos.

Todo el año fue una negociación sin descanso para colocar a mis equipos, para negociar las condiciones del cambio y a la vez luchar por mantener la motivación suficiente para alcanzar los objetivos de la empresa.

Tanta presión acabó pasando factura un año después.

En noviembre cerré un fructífero acuerdo con la empresa en el que ésta me obligaba a abandonarla en el mes de julio de 2006. Rechacé sin pestañear un importante puesto en Suiza y antepuse la familia al trabajo. Una posición de ese calibre implicaría maletas y aviones sin tregua por toda Europa. No soportaba la idea de la lejanía de mis seres queridos, encerrado siempre en grandes y lujosos hoteles del mundo y tenía planes para Álvaro y Eva que ya no podía evitar: estábamos gestando la creación de una escuela y el simple hecho de tener que renunciar a ello me provocaba una imperdonable sensación de abandono de mis responsabilidades más prioritarias.

Además, ¡qué diablos!, me había dejado mecer por los elogios. Como me insinuó un cazatalentos, yo jugaba en otra liga y las oportunidades me surgían sin dificultad. Lo que no sabía, porque el futuro es caprichoso y nunca escucha los planes, es que se estaba gestando la tormenta perfecta.

Volaba hacia París en un caluroso mes de junio. Era el último paso de un largo y complicado proceso de selección que se había interrumpido en un par de ocasiones y parecía no tener fin. Casi un mero trámite en el que me enfrentaría al accionista mayoritario y dueño de la empresa. No podía fallar. Recuerdo que comí un sándwich de jamón y queso en una pequeña mesa redonda del aeropuerto Charles de Gaulle. Intentaba controlar algunas incomprensibles alergias alimentarias que en los últimos tiempos se manifestaban en extrañas urticarias e hinchazón de boca, y no necesitaba sorpresas de última hora. Los seis meses anteriores habíamos trabajado intensamente en el traspaso del negocio a la nueva empresa y en la definición de los equipos resultantes. El proceso se hace muy cuesta arriba sobre todo cuando tienes que comunicar a tus compañeros que no hay sitio para ellos. Hacerlo es algo que odio desde lo más profundo, pero es una tarea que nunca he delegado.

El estrés provocado por tanta vorágine se cebó con mi espalda y mi cabeza. En mayo de 2006 acudía a la última reunión programada en Segovia antes de abandonar definitivamente mi puesto. Al cruzar el largo túnel de Guadarrama me di cuenta de que algo iba mal. Me sentía como un extraño, angustiado; me sudaban las manos y el túnel se me antojaba excesivamente largo y estrecho. Deseaba salir para ver de nuevo la luz y respiré profundamente cuando pude ver el final de aquel interminable agujero. Traté de restarle importancia al hecho, creyendo que ése no era yo, y me propuse olvidarlo.

Pero seguí rebuscando en mi cabeza las razones de ese angustioso momento y recordé que poco antes, en la piscina, había vivido una situación similar.

–Ahí no puedo ayudarte Diego. No es físico, es mental. Lo que te pasa no tiene nada que ver con el cansancio –me dijo el monitor de natación encogiéndose de hombros.

Llevaba ya seis años nadando con un grupo estable por las noches. Mi forma física era excelente pues combinaba la bicicleta, el agua y la carrera. Solía salir siempre el primero para no encontrarme tráfico por delante y, al poco, ya había doblado al más rezagado. Pero aquel día, cuando teníamos simplemente que nadar veinte minutos a crol, me paré en seco. Me agobió tener la cabeza tanto tiempo debajo del agua, me mareé.

—¿Estás bien? —me preguntó Patri, el socorrista, acercándose al lugar donde, como un saco vacío, colgaba de la corchera tratando de recuperar el aliento.

—No lo sé, me encuentro muy fatigado. Me voy, no puedo seguir —contesté aturdido, sin entender qué me estaba ocurriendo. Las piernas, plomizas, no respondían y un extraño hormigueo recorría todo mi cuerpo.

También había experimentado sensaciones parecidas en la bicicleta. Montaba todos los fines de semana desde que en 1994 mis primeros compañeros de trabajo me sorprendieran con una como regalo de boda. Estaba pletórico, pero aquella primavera nada parecía normal. Acababa de empezar una ruta desde La Cabrera hacia Miraflores de la Sierra, una salida habitual de cincuenta kilómetros entre montañas que combinaba fuerza y velocidad en un tiempo máximo de dos horas. Me gustaba reponer fuerzas a mitad de camino, ya en la fuente de la plaza principal del pueblo, donde desayunaba unas barritas energéticas y cargaba el bidón con el agua helada que bajaba de las cimas del puerto de La Morcuera. Conocía la ruta como un corredor de carreras registra el circuito en el que compite y sabía perfectamente cómo dosificar el esfuerzo para rendir al máximo.

En el primer tramo de La Cabrera a Valdemanco, al subir la empinada doble curva que sigue a la larga bajada de la cuesta del pescador, empecé a notar una excesiva aceleración, falta de oxígeno, y un pulso demasiado rápido golpeándome las sienes con violencia. Había subido esa cuesta miles de veces, no era tan exigente. Paré al coronarla y en el monitor de mi pulsómetro vi que superaba las ciento setenta y cinco pulsaciones por minuto. Me asusté, y el sólo hecho de pensarlo hizo que el corazón se desbocara del todo. Apagué nervioso el reloj para no verlo más y respiré profundamente con la cabeza baja hasta tranquilizarme. Inmediatamente me di la vuelta y volví pensativo y preocupado a casa. Sólo había recorrido cinco kilómetros.

No fueron casos aislados. La experiencia se repitió otras veces acompañada además por un periodo de fuertes lumbalgias y alergias urticantes que no atinaba a comprender.

Me comí el sándwich y cogí un taxi hacia París. Todo fue perfecto. El puesto de Director General era mío y el reto que se me presentaba apasionante. Además, me había garantizado un mes y medio de unas merecidísimas vacaciones. Quería dedicárselas a Ana y los niños a quienes tenía más abandonados de lo habitual, pero sobre todo necesitaba recuperar las fuerzas y el ánimo antes de empezar. Aquel verano nos fuimos a Andorra, a la casa que un querido amigo acababa de comprar y que amablemente nos cedió. El sol y la fresca brisa de las montañas nos acompañaron quince días y nos permitieron disfrutar largamente de unos increíbles días de descanso.

Ese mismo año planificábamos la creación de una escuela. Al finalizar el jardín de infancia, Álvaro se había visto obligado a dejar la escuela libre Micael. Evidentemente la educación primaria exigía otras capacidades y Micael no disponía de los apoyos necesarios para las necesidades especiales de Álvaro. Queríamos continuar su educación bajo la misma cuerda pedagógica y le llevamos a una pequeña escuelita en Villalba donde una maestra se encargaba, en un aula no autorizada, de dos niños portadores de raras enfermedades. Benito y Ana Luna eran muy queridos en la escuela y con Álvaro fueron la semilla que dio origen a Artabán, hoy una escuela Waldorf con más de noventa niños en Torrelodones, al noroeste de Madrid.

El proceso se alargó varios años y hubimos de soportar condiciones muy duras hasta ver cumplido nuestro sueño con éxito. La escuela Grimm de Villalba es un pequeño jardín de infancia. Muchos de los padres que abrazan esta pedagogía son gente alternativa, desafiadores del sistema y del estatus quo, que buscan algo más para sus hijos que lo poco que el programa educativo actual puede ofrecer, algo menos desnaturalizado, menos competitivo, más creativo y en contacto con la Naturaleza y con la esencia de la persona.

Al comienzo del año escolar de 2006, la escuela Grimm había gastado todos sus ahorros en un aula prefabricada. La escuela crecía y entre sus prioridades destacaba el deseo de mantener el aula clandestina hasta poder comenzar el nuevo proyecto de escuela inclusiva. A las pocas semanas de empezar el curso, unos padres insatisfechos con el recinto temporal en el que había recalado su hijo, denunciaron la situación al inspector de educación de la zona. De nuevo una detonante mezcla de orgullo y egoísmo se cebaba con los más débiles. El resultado fue devastador y la inspección obligó a la escuela a disolver el aula de educación especial.

Hacía meses que nos reuníamos intempestivamente para planificar los siguientes pasos para la creación de nuestro proyecto y la nueva situación no cambió los planes; sencillamente, los aceleró.

La clandestinidad se convirtió entonces en nuestra inseparable compañera de camino. En octubre, frente a un parquecito destartalado y seco, alquilamos un pequeño piso en Alpedrete. Los niños salían por turnos al parque como si del patio de la escuela se tratase, temerosas las maestras de que alguien pudiese sospechar que allí ocurría algo extraño. Nos mantuvimos firmes hasta el final del curso y fue, precisamente bajo la protección de aquella armoniosa localidad de la Sierra de Guadarrama que sirvió de cantera real a Felipe II para erigir el Monasterio del Escorial a mediados del siglo XVI, donde se forjó un espíritu inquebrantable para llevar adelante el proyecto. Un espíritu apoyado por dos maestras, doña Eladia y doña Mari Carmen, y un maravilloso grupo de niños y de osados padres que sin ningún miedo acompañaron a Benito, a Álvaro y a Ana Luna hasta que la edad provocó su separación definitiva. A ellos les debemos que hoy estemos donde estamos.

No podíamos ni queríamos figurar como ilegales así es que buscamos un atajo que nos permitiese cierta cobertura ante una posible inspección de las autoridades educativas locales. Matriculamos a los niños en una escuela a distancia en Estados Unidos y seguimos adelante.

Nos reuníamos al menos dos veces por semana desde primera hora de la tarde hasta ya avanzada la noche, mientras Marian cuidaba de Álvaro y de Eva, cansados del intenso día pero con la gratificante ilusión de quien comienza algo grande y perdurable. Todo aquel sacrificio era transitorio y necesario. Nuestro verdadero sueño era gestar una escuela Waldorf inclusiva, que eventualmente derivase en talleres ocupacionales y un espacio de inclusión para todo tipo de niños con dificultades. Después de los tres niños pioneros llegarían más: Eva, Jorge, Pablo, Cristóbal...

Mientras tanto, el día a día no nos daba descanso. Ana se matriculó en la Universidad de Lasalle y ese mismo mes de septiembre comenzaba una nueva carrera universitaria especializada en audición y lenguaje. Parecía tener claro cuál sería su enfoque para el resto de su vida. Junto con Mar, madre de Benito, fue quien más empujó el proyecto educativo de la escuela y dedicó, entre sus horas de estudio, intensas jornadas a la investigación de leyes, normas y regulaciones para poder estructurar la escuela con solidez.

Por mi parte, comenzaba en mi nuevo puesto que pronto se tornó oscuro e insoportable. Acostumbrado al estilo de gestión de los directivos americanos, participativo y respetuoso, me encontré de frente con un jefe de la tierra, al más puro estilo autocrático. Sin entrar en detalles y por razones que aún no acierto a comprender, me hizo la vida imposible desde el primer minuto. Arrogante y engreído, probablemente sobrepagado por los resultados que hasta entonces había cosechado, me dejaba claro en cada ocasión que se le presentaba que yo no era su candidato. Incluso en el proceso de selección, semanas antes, nuestra única entrevista había sido corta y difícil. Salí de la sala de reuniones con la sensación de que allí acababa todo. Pero no fue así. El proceso continuó y yo con él hasta el final.

Una vez firmado el contrato de trabajo, camino de mis vacaciones, aproveché una parada técnica para llamarle. Aún no había empezado a trabajar, por lo que mi llamada era innecesaria, pero quería mostrarle mi interés por los resultados del mes que acababa de cerrar.

–Buenos días Alejandro, ¿qué tal estás? Bien, bien... Nada, simplemente quería saber qué tal acabó el mes de julio. –No esperaba una respuesta muy elaborada pues sabía que la compañía se había estancado como consecuencia del fuerte incremento de la competencia por la irrupción de las marcas blancas y ésa era precisamente una de las situaciones que yo tendría que afrontar.

–¡Hola Diego! –Sin duda, mi llamada le cogía por sorpresa–. No importa cómo haya ido el mes –dijo sin contestar a mi pregunta–, es a vosotros, a quienes os corresponderá decir qué hacer. Yo no quiero intervenir, quiero que triunféis en vuestros puestos. Yo ya lo he hecho; ahora te toca demostrar que mereces este puesto. Aquella extraña respuesta me resultó incómoda. Mi llamada era un simple formalismo pero la contestación me sorprendió y la noté cargada de pólvora. Incluso en su tono de voz me pareció entender que podía habérmela ahorrado.

–Muy bien Alejandro... Sí, en ruta, hacia Andorra. Hemos parado a repostar gasolina. Sí, sí, en fin, felices vacaciones... –Nos despedimos hasta la vuelta y ya no se me ocurrió volver a llamar.

Debí ser un rey puesto por los franceses, sin duda, para cambiar el estilo de liderazgo de la empresa, hasta entonces demasiado centrado en la persona que durante más de quince años había llevado la organización a importantes cotas de éxito pero que acaparaba todo el protagonismo y manejaba con mano excesivamente dura los hilos de la casa. Pero no tuvieron en cuenta que el detalle de mantenerle como mi jefe directo sería letal para mí.

Tan sólo mes y medio después de mi contratación, un domingo llamé al Director de Recursos Humanos y le cité al día siguiente en una cafetería una hora antes de entrar a trabajar. Había pasado la semana anterior en un curso sobre finanzas en París. Además de las interminables horas de trabajo para adaptarme a una nueva empresa y un nuevo cargo, dedicaba el tiempo de la comida a clases intensivas de francés, lengua oficial de la empresa y que yo mantenía en las sombras de mi memoria desde los tiempos de colegio. Tres días de formación en el idioma galo, en los que dispuse en exclusiva de un traductor al inglés. Volví fatigado, pendiente de la discusión sobre el presupuesto del siguiente año que me esperaba a la llegada.

–No entiendo nada Ramón. Así no podemos seguir, voy a dimitir –le espeté nada más verle. Había practicado muchas veces el discurso que mentalmente tenía preparado, pero en el momento de la verdad no se me ocurrió más que ir directo al grano.

–Ya imaginaba que lo dirías. –Mi llamada del domingo no le extrañó pues conocía con detalle todo lo que estaba ocurriendo y llevaba días engrasando la relación y actuando como bisagra entre ambos.

El viernes anterior, en una importante reunión del equipo directivo, asistimos a un espectáculo bochornoso, uno más, pero esta vez en presencia de toda mi gente. En un ataque de furia, el jefe acusó a dos directores de no atender adecuadamente sus responsabilidades y su trabajo y yo hice un vano, casi ridículo esfuerzo por defenderles. La furia se transformó en ira, y mientras él escupía exabruptos, cerré los ojos, me trasladé a algún sitio lejos de allí y, desde la distancia, decidí que no tenía por qué aguantar esa situación ni un minuto más. Lo estaba dando todo, pero estaba claro que me esperaba por delante un tortuoso camino que no me llevaría a ningún sitio. Cada reunión con él era un sinsentido, una demostración de poder innecesaria que se convertía en una lección magistral de anti-liderazgo. O al menos así lo interpreté yo.

Mi relación personal con mi jefe era nefasta; había tenido algunos encontronazos en los que cuestioné su estilo de dirección y la situación parecía irrecuperable. Aquella reunión dinamitó todos mis deseos de seguir adelante. Marqué el número de Ana en el móvil y le comuniqué mi decisión:

—Ana, el lunes presento mi dimisión. No puedo más, estoy agotado y no tenemos necesidad de pasar por este infierno. —Es cierto que económicamente estaba muy cubierto tras la salida de la empresa anterior y, además, yo seguía siendo yo. Habría más oportunidades.

—Olé tus huevos. Si crees que es lo mejor... —fue su única respuesta. Como siempre agradecí su apoyo y su confianza y preparé mi salida.

—¿Por qué no os dais otra oportunidad? —Me preguntó Ramón apurando su café y mirando de soslayo la hora en su reloj. Eran casi las nueve de la mañana, hora de entrar a trabajar.

—¿Crees que si hablo con él cambiará su actitud?

—No, no lo creo —concluyó secamente, como si de pronto se hubiese dado cuenta de lo absurdo de su pregunta.

El mismo lunes entregué mi carta de dimisión; me fui de allí sin despedirme de nadie, para algunos como un cobarde que se bate en retirada sin plantar cara, y para otros como un héroe capaz de anclarse a sus valores en situaciones tan críticas. Sólo si busco en el pasado me doy cuenta de que hice lo adecuado; lo volvería a hacer si se presentase el mismo caso. Pero también aprendí que la juventud y la impaciencia caminan a menudo de la mano y pueden jugarte malas pasadas. Sin duda parte de la responsabilidad fue mía y quizás yo debí haber hecho algo distinto para enderezar la situación. Todo es relativo.

El reencuentro con el mundo de los cazatalentos fue una auténtica sorpresa. De repente ya no era la joyita que fuera unos meses atrás. Me había convertido en una persona inestable, incapaz de gestionar el conflicto, quizás incluso inmaduro para afrontar responsabilidades importantes. Casi sin darme cuenta, ese terrible mes y medio que me consumió física y mentalmente y que no hubiese deseado ni a mi peor enemigo, eclipsó quince años de intachable recorrido. Ya no jugaba en primera división.

Estaba cansado, las fuerzas realmente me fallaban. Perdí peso y los problemas de espalda y ansiedad, se incrementaron. Me propuse regalarme un periodo de recuperación. Un tiempo para volver a centrarme en lo importante y dejar de trabajar siempre en lo urgente. Me olvidé de buscar empleo por unos meses. Ya habría tiempo para eso.

Ese mismo verano, casi sin intención, compramos un chalet en La Cabrera. Ya pasábamos los períodos vacacionales en casa de mis suegros y teníamos cerca a mis padres también. Pensamos en comprar una nueva vivienda aunque nuestra mejor opción consistía en movernos en la dirección en que se definiese la escuela. Nunca se nos ocurrió que La Cabrera fuese una posibilidad.

A no mucha distancia de la casa de mis padres, una finca que siempre nos pareció un sueño imposible de pronto se puso a nuestro alcance y cambió todos nuestros planes. Cuando éramos novios paseábamos por allí, y cuando llegábamos a ella nos asomábamos de puntillas por encima de la arizónica para ver el imponente espacio verde y nos decíamos que ojalá algún día pudiésemos tener una casa como aquélla.

Se trataba de un sombreado chalecito de piedra y teja vieja al pie de la esbelta sierra, con una amplia pradera siempre fresca y cubierta de gigantescas margaritas y flores de todos los colores y unos majestuosos árboles –paraíso de las juguetonas ardillas que correteaban por los troncos arriba y abajo persiguiéndose con quiebros increíbles– rodeando la casa y diseminados por los cerca de tres mil metros cuadrados de terreno. Pinos, arces, catalpas, encinas, enebros, rododendros y más de veinte especies diferentes mimadas con exquisita delicadeza por una pareja de ancianos que durante cuarenta años cuidaron los detalles para hacer de esa finca un remanso privado de paz.

Rincones para la lectura o para el deleite con imponentes vistas a la sierra, al Cancho Gordo y al Pico de la Miel, farolas isabelinas, retorcidas rejas hechas a mano y una casa central, redondeada, sin un sólo ángulo recto como un quesito sin punta, concebida para que el sol la atravesase sin vergüenza por todas las ventanas.

El día tres de septiembre de 2006, mientras comíamos en casa de mis padres, mi hermano comentó con indiferencia que el chalet «de arriba» estaba en venta, ese que tanto nos gustaba a todos. Lo había visto en Internet. Recuerdo bien el día porque esa misma mañana se jugaba, España ante Estados Unidos, la semifinal del mundial de baloncesto de Japón. No perdíamos nada por acercarnos a verla, teníamos un rato antes del partido. A media mañana subimos a preguntar por ella.

Se trató de una visita fugaz, que extrañó incluso a la propietaria, quien llegó a pensar que únicamente queríamos curiosear, como nos confesaría más adelante. Atravesamos la finca como una exhalación; disponíamos de poco tiempo pues no queríamos perdernos a la mejor selección española de la Historia (que, por cierto, ganó el partido frente a EEUU y el título ante Grecia), pero fue suficiente para decidir ir a por ella.

Aquel refugio que nos tenía enamorados estaba en venta, y en ese preciso momento podíamos permitírnoslo. En menos de quince días tomamos la decisión, la apalabramos y entregamos una señal sin excesiva negociación.

La Cabrera es el lugar donde Ana y yo nos conocimos para no separarnos más. Situado a tan sólo sesenta kilómetros de Madrid, a los pies de un hermoso macizo de granito del final de la Sierra de Guadarrama y al abrigo del Pico de la Miel, lugar de iniciación de montañeros y escaladores, se encuentra este pueblecito de cabreros que encontró su máximo desarrollo en el último cuarto del siglo XX como consecuencia del *boom* inmobiliario que inundó la sierra madrileña de segundas viviendas. La belleza de su maravilloso entorno repleto de robles, encinas, enebros y jaras entre grandes piedras de granito eclipsa el destartalado pueblo, sobresaturado de construcciones viejas que contrastan con otras de piedra, cemento o ladrillo sin haber seguido ningún patrón que imprimiese al pueblo un carácter propio o una visión de conjunto coherente y armónica.

Sin embargo, ha sido el lugar de esparcimiento de mi infancia y juventud. Allí estuvieron siempre mis amores, mis verdaderos amigos, y también mis enemigos. Allí he pasado los fines de semana y las largas vacaciones de prácticamente toda mi vida, en el hogar que mis padres construyeron en los años sesenta y que nos sirvió de refugio natural para huir de un Madrid en desarrollo y cada vez más contaminado, hiciese frío o calor, nevase, lloviese o el cielo amenazase con derrumbarse sobre nosotros.

En invierno, de niños, llegábamos los viernes por la tarde cuando la noche era ya cerrada y el frío penetraba lentamente cada centímetro del cuerpo. Con la casa helada como el corazón del diablo, encendíamos la chimenea con la madera de encina empapada esperando al calor del hogar poder recuperar la temperatura y superar las continuas tiritonas que hacían que nuestros dientes castañeasen en alegre canturreo. Abrigados durante horas, me queda el recuerdo de estar todos apretándonos las espaldas contra la chimenea ya encendida tratando de entrar en calor frotándonos las manos sin cesar y luego, una vez quemados los primeros troncos, arrimados a la mesa camilla y arropados hasta el cuello mientras el agradable y dulce calor de las brasas te abrazaba y te entonaba para pasar la noche en aquellas frías y húmedas habitaciones de los primeros años. Pero éramos felices, y en el recuerdo siempre nos quedarán detalles inolvidables como las interminables tardes familiares de los sábados acompañados por la televisión monocolor y un puñado de pipas, el ritual del lonchado de las hogazas de pan tierno dispuesto a convertirse en las picantes y sabrosas migas del día siguiente, las bolsas de agua hirviendo para los pies o aquella sartén de brazo largo que hoy cuelga aburrida en la pared del salón, que cargada de rojas brasas, permitía calentar la cama y disimular la humedad de las heladas sábanas.

Durante más de cuarenta y cinco años La Cabrera ha mantenido a la familia unida, convirtiéndose en el lugar de encuentro de veranos y navidades para la prole de hijos, primos, y nietos que, alrededor del Belén o de la piscina, llenan el espacio de gritos, risas, música y alegría. No queríamos privar a Álvaro y a Eva de la compañía de quienes más les querían y la compra de aquella casa nos permitía estar siempre cerca de nuestras familias.

Curiosamente, se escrituró el día 26 de octubre de 2006, el día que Álvaro cumplía nueve años. El mejor regalo que podíamos hacerle.

Ese año todavía nos depararía nuevas sorpresas. Ya en paro −extraña sensación la de enfrentarse a la cola del Instituto Nacional de Empleo−, con una nueva casa en plena reforma, con el cuerpo y el espíritu doloridos del sobrecargado peso de los intensos meses, y escondiendo a nuestros hijos en una escuela preventiva, Ana y yo pensamos que nada más podía pasar en los escasos dos meses que quedaban por delante. Nada más lejos de la realidad.

A finales de octubre, cansado y sin ocupación, quise recuperar el ánimo y las fuerzas y decidí preparar una ruta ciclista de tres días por el Parque Natural del Alto Tajo con un amigo que, como yo, pasaba los lunes al sol.

Un periodo de paro es también un periodo de reflexión, de interiorización, de contacto profundo con uno mismo, imposible de conseguir en la vorágine del trabajo diario y ciertamente necesario para indagar, buscar tu libertad interior y marcar un nuevo rumbo.

Aquel otoño llovió como hacía tiempo que los lugareños no recordaban después de unos años de extrema sequía, y el río bajaba vigoroso y repleto entre los cañones y barrancos calizos salpicados de miles de tonos ocres regalados por los numerosos tesoros botánicos del espectacular paraje del barranco de Horcajo. En la primera noche, en Molina de Aragón, en una acogedora casa rural con vistas al castillo que se perfilaba imponente a través del ventanuco de la habitación, propuse a Jaime emprender un negocio que hacía tiempo había visto en Estados Unidos y me parecía sobre todo original y exitoso.

Tuvimos que volver a casa después del primer día de ruta porque las previsiones de lluvia no permitían continuar por los embarrados caminos, pero ya se había gestado el nacimiento de *Tijeras Mágicas*, la primera peluquería infantil de España, o al menos eso creíamos.

Nos entusiasmamos con el proceso de creación de una empresa, muy distinto al trabajo ejecutivo al que estábamos acostumbrados, y durante dos meses trabajamos forzadamente para poder inaugurar esas mismas navidades en Las Rozas. Fue un esfuerzo intensivo que me produjo una sensación muy placentera al sentir que aquello era nuestro, y que lo hacíamos sin más presión que la impuesta por nosotros mismos, que el aprendizaje era exponencial y que de nuevo tenía el control sobre lo que quería hacer. Y así, lo pusimos en marcha, con una apertura festiva en la que colaboraron amigos y familiares. El siete de enero de 2007 quedó abierta al público nuestra primera aventura empresarial.

Las cosas parecían volver a su cauce. Ana y yo charlábamos tranquilamente, con más tiempo que nunca para estar juntos, mientras el dulce sonido de la flauta pentatónica de Eva inundaba la casa con suaves melodías medievales. Debatíamos los siguientes pasos mientras disfrutábamos de las navidades más largas de nuestro matrimonio.

Poco a poco recuperábamos la tranquilidad y la confianza. Los niños se acostumbraban bien a los constantes movimientos y su adaptación a la nueva escuela era perfecta; no parecían notar el cambio arropados por sus amigos y maestras. Acabábamos de poner en marcha un nuevo negocio, nos habíamos comprometido firmemente con el proyecto de crear una escuela, y teníamos una nueva casa de campo y toda una vida por delante.

Además, un nuevo miembro se había incorporado a la familia en noviembre: una traviesa y lindísima perrita schnauzer miniatura, la más menuda de una camada de seis cachorros a la que llamamos Noa y que jugueteaba sin parar para delicia de Álvaro y Eva que corrían divertidos por la casa detrás de ella mientras se volvía y estiraba sobre sus patas delanteras incitándoles con pequeños ladridos a seguirle el juego.

Nunca he tenido perros. Supongo que mi madre ya trabajaba bastante con los seis hijos que trajo al mundo como para hacerse cargo de un animal. Pero Ana sí, perros y gatos a los que atendía casi en exclusiva. Su interés por los animales creció con ella desde la infancia.

Cuando nos casamos llevamos a casa un magnífico ejemplar, un pointer blanco, con un ojo izquierdo adornado con una identificativa isla marrón como si se hubiese derramado el café con leche sobre la sábana de su piel. Bran vivía en la finca de mi cuñado y en sus escasos meses de vida sufría el acoso de dos celosos mastines mucho más potentes y fuertes que él. Su velocidad le salvaba pero corría el riesgo de que le pillaran en un descuido y decidimos adoptarlo antes de que la sangre llegase al río.

Bran era hijo de Laina, una nerviosa pointer marrón y blanca, de pura raza y trufa partida propiedad de mi suegro. Como buen cazador, Bran necesitaba algo más que una cocina en la que tumbarse a ver pasar el tiempo. Nuestro horario intensivo en el trabajo no nos permitía ofrecerle el campo que necesitaba para sus carreras y por las noches nos encontrábamos excesivamente cansados para los largos paseos que requería.

Tras la muerte prematura de su madre, decidimos que se quedara con los padres de Ana. Llenaría así el vacío que había dejado Laina y tendría la oportunidad de correr y cazar junto a mi suegro, olfateando y marcando con su pose perfecta las escurridizas perdices de los áridos campos y las calvas colinas de Soria, que tanto enamoraron a Machado.

El día en que Noa apareció en nuestras vidas no lo pensamos dos veces. Esa misma noche ya durmió en casa. Preciosa con su barba y sus cejas blancas recogidas en una coleta a modo de fuentecilla, que portaba con orgullo y elegancia como si acabase de salir de la peluquería, se hizo muy pronto con el cariño de Álvaro y Eva. Además de compañía y de la amistad incondicional del mejor amigo del hombre, podía proporcionarnos también rutinas muy beneficiosas para la educación de los chicos y su tamaño era ideal para el transporte.

Un luminoso fin de semana del mes de mayo de 2007 me acerqué con los niños y con Noa a La Cabrera. Ana estudiaba los exámenes finales de su primer año en la universidad y quisimos dejarla tranquila, al menos durante la jornada del sábado.

La primavera lucía radiante y las altas margaritas del jardín se mostraban abiertas al sol en todo su esplendor. Estaba precioso. Mientras me entretenía en labores de siega y barría las acículas de los pinos, Álvaro y Eva correteaban y jugaban por la pradera lanzando piñas vacías a Noa, que a sus escasos siete meses se divertía correteando de un lado a otro sin parar.

De repente, rompiendo el cómodo silencio del jardín, escuché a Eva gritar. Me sorprendió su extraño llanto, distinto al acostumbrado, más urgente y apremiante. Solté el rastrillo y corrí hacia donde estaban ellos. Tardé unos segundos en reconstruir la escena: Álvaro, de pie junto a Eva, nervioso, agitaba sus manitas mientras repetía a su hermana que no pasaba nada. Eva, llorando y gritando desconsoladamente con las rodillas dobladas sentada sobre sus talones, sostenía a Noa en su regazo, inmóvil. Me temí lo peor y me lancé sobre ellas sin saber exactamente cómo actuar.

De pronto comprendí lo que pasaba. En algún momento del juego Noa se había girado sobre sí misma mientras Eva la sujetaba del collar. Era un collar de cuero y tela, un poco más grande que el cuello del pequeño cachorro. Al girarse Noa, los dedos índice y corazón de mi hija habían quedado aprisionados y una especie de torniquete apretaba el cuello de la perra estrangulándola. Se estaba asfixiando.

No supe calcular cuánto tiempo llevaban así. Noa no se movía, sólo me miraba con sus brillantes ojillos negros con la boca abierta tratando de respirar, mostrando la lengua amoratada, boqueando como un pez fuera de agua.

Eva gritaba:

—Papá, ayúdame por favor, ayúdame —intentando liberar sus dedos que ya aparecían hinchados por la presión y la falta de riego sanguíneo mientras Álvaro nos miraba asustado preguntándose qué pasaba.

No tenía mucho tiempo. Intenté buscar el cierre automático de la correa para liberarla pero había quedado escondido bajo los dedos de Eva, demasiado presionados y doloridos. No era factible hacerlo sin ejercer una presión extra que me pareció demasiado peligrosa. Quise girar a Noa en sentido contrario pero la niña no me entendía en medio de la tormenta y Noa ya no colaboraba. Una vez más la maniobra me resultaba imposible; me estaba quedando sin recursos.

Quise levantarme para buscar algo con lo que cortar la correa, quizás las tijeras de podar, pero Eva me chillaba:

—¡No te vayas papá, no te vayas! —Y de nuevo tuve miedo de que al dejarla sola un movimiento pudiese romper sus dedos o acabar con Noa.

Dicen los expertos que los niños X-frágil tienen dificultades para recordar instrucciones no secuenciales, y que no atienden a más de una a la vez. Quizás era el momento de comprobar si aquella afirmación era cierta. Miré a Álvaro que a sus nueve años vivía la situación muy impresionado pero con la entereza de un caballero andante. Notaba que algo importante pasaba pero no alcanzaba a entender exactamente qué es lo que había ocurrido ni cómo.

—Por favor Álvaro, corre a casa. En la cocina abres el cajón de los cubiertos, debajo del horno, y me traes las tijeras y un cuchillo de los que cortan. ¿Me has entendido? ¡Corre hijo! —Traté de hablar despacio, dando las instrucciones claras y asegurándome de que las había entendido. Le vi alejarse en dirección a la casa hasta que desapareció de mi vista.

Ya no nos quedaba mucho tiempo. Noa permanecía inmóvil, pero afortunadamente entraba algo de aire en sus diminutos pulmones. Miré al frente, buscando a Álvaro, rezando para que se apresurase. Al poco le vi venir. Corría con cuidado, consciente de que traía en las manos un utensilio cortante pero también conocedor de la urgencia del momento. No había encontrado las tijeras.

Lo miré sonriente cuando me entregó el cuchillo. Pensé en lo orgulloso que debía de sentirse, a pesar de haberme entregado uno de esos cuchillos incapaces de cortar el aire. Decidí que tendría que tirarlos todos en otro momento. Se acuclilló a mi lado observándome; no habría más oportunidades.

Me puse manos a la obra. Quise tajar la cinta, pero sólo podía hacerlo de abajo a arriba y para ello necesitaría espacio para introducir mis dedos. Imposible. Y aún más con un filo romo.

Aunque Eva seguía llorando, yo ya no la escuchaba.

Me tocó decidir entre sus dedos y la vida de Noa. Tiré de su pequeña mano mientras buscaba el gancho de la correa. Casi simultáneamente los violáceos dedos de Eva cedieron unos milímetros, mientras yo presionaba el cierre. Se redujo la tensión y los dedos se soltaron. La correa se abrió en dos. Noa cayó al suelo y se quedó allí quieta mientras Eva se echaba a mis brazos, aturdida y asustada. Miré sus pequeños dedos que rápidamente recuperaban el color y la aparté con cuidado para atender a Noa.

Durante más de diez minutos le practiqué un suave masaje en la tráquea como en algún momento había visto hacer a Ana con perros pequeños. Lentamente recuperó el aliento y se incorporó tambaleándose. Durante unos interminables minutos se movió aturdida, respirando con pequeños espasmos en busca del aire que aún le faltaba, hasta que por fin comenzó a caminar con normalidad.

Recogimos las herramientas desperdigadas por el jardín y nos volvimos a Las Rozas con el corazón algo encogido pero contentos de que todo hubiese terminado felizmente. Álvaro se sintió el héroe indiscutible del día y Noa siguió jugando con nosotros muchos años más.

8

*La diversidad es el principio fundamental de la
vida. ¿Qué hace de nosotros seres completos?
La diferencia.
El equilibrio perfecto significa la destrucción.*
SWAMI VIVEKANDA

Apuntes del diario. 1 de septiembre de 2008

*Primer día de mes, vuelta a casa de las vacaciones estivales
y de nuevo metido en un avión. El verano ha sido magnífico
y hemos disfrutado de unas vacaciones maravillosas. Como
casi todos los años pasamos unos días al abrigo del mar en
compañía de mis padres en Marbella viendo crecer y ma-
durar a nuestros hijos. Luego nos trasladamos a La Cabrera
(¡dos años han pasado desde que la compramos!), un pequeño oasis para la familia y los amigos.
Tras estos meses mi vida ha dado un giro radical y me
ha costado largo tiempo volver a recuperar el equilibrio personal. Meses cargados de emociones, miedos y cambios
personales y profesionales en los que la única constante que
ha mantenido mi energía y dirigido mi esfuerzo ha sido mi
familia: Ana, que como siempre ha estado presente ofre-
ciéndome su apoyo y su aliento, y mis hijos, en los que descanso cualquier pensamiento para hacerme sonreír. Ayer,
como todos los días al llegar a casa, bajaron corriendo las
escaleras (ahora también Noa) para abrazarse a mi cuello.
Álvaro tiene ya once años y Eva ocho. Me llena de orgullo
quererles tanto; no veo el momento del día de volver a casa.
No se me ocurre otro sitio mejor en el mundo.*

Después del vertiginoso 2006 las aguas volvieron despacio a su cauce. Me reencontré con el calorcito de la nómina de un directivo que nos permitía vivir holgadamente mientras la peluquería infantil buscaba desarrollarse. Todo se movía muy rápidamente y yo ya sabía que el cambio sería una constante en mi vida. Tras incontables reuniones, el proyecto de escuela también se empezaba a consolidar. Después de la huida de Grimm nos habíamos visto obligados a movernos al chalet adosado de uno de los padres, donde las maestras dieron clase durante seis largos meses hasta que, finalmente, tras una intensa búsqueda, recalamos en una preciosa casa ecológica en Los Arroyos, una tranquila urbanización de la Sierra noroeste de Madrid cerca de El Escorial. Nos pareció un lugar de ensueño hecho para nosotros, construido por una pareja que no lo llegó a disfrutar tras la repentina muerte de él. Rodeaban los muros de piedra blanca encinas centenarias y allí, junto a la entrada principal, colocamos el arco de flores que todos los niños atraviesan al cambiar del jardín de infancia a primaria confirmando así la superación de la niñez. Eva comenzaba ese año. La escuela era ya imparable.

Aún pasarían dos largos años hasta que por fin el Ministerio y la Comunidad de Madrid nos diesen permiso para que nuestro proyecto fuese una realidad. En Los Arroyos estuvimos todo ese tiempo, procurando no levantar sospechas entre los vecinos y ganándonos su amistad para favorecer la convivencia sin sobresaltos. En sus aulas mantuvimos interminables reuniones de trabajo para dar forma al futuro del proyecto, iluminados al calor de las velas que vibrantes mostraban las luces y las sombras de nuestros sueños.

Las maestras, tras sus agotadores esfuerzos, alargaban su jornada hasta bien entrada la noche reafirmando su compromiso con el propósito de construir los talleres ocupacionales que conformaban el corazón del proyecto. Tampoco fue sencillo. Como siempre, la diversidad de opiniones mal gestionadas podría dar al traste con las ilusiones del grupo, y hubo que documentar muy bien la idea de escuela que queríamos para asegurar que cualquier irrupción futura de nuevos padres no supusiese una vuelta a empezar, como ya nos había ocurrido en un par de ocasiones.

Durante el día los niños acudían a sus clases con normalidad. El paso de una situación a otra se realizaba de forma tan delicada que era imposible que percibiesen el cambio. Las fiestas trimestrales culminaban el trabajo de cada estación y mostraban a los padres el esfuerzo realizado por sus hijos durante el aprendizaje. En la exposición pedagógica se exhibían los maravillosos cuadernos preparados por los niños. Las escuelas Waldorf no utilizan libros de texto, sino que ellos mismos los elaboran con un esmero exquisito en cuadernos individuales para cada asignatura: geometría, lengua, historia, matemáticas, ética, dibujo, etcétera. Además la fiesta trimestral se cerraba con la representación de pequeños episodios de la rutina de los alumnos, en una actuación rítmica y musical en la zona central de la casa que se usaba a modo de salón de actos.

Álvaro y Eva conseguían emocionarnos. Verles allí, actuando ante cuarenta o cincuenta padres, recitando un poema, cantando una canción o colaborando en los juegos con el resto de niños, nos llenaba de emoción. Yo sé lo que es hablar en público, ese momento inicial de excitación, ese cosquilleo en el estómago hasta que la respiración se relaja y alcanzas a concentrarte en el discurso. Saber sobreponerse a ese instante de vacío, de mente en blanco en el que sólo percibes la luz de los focos y el silencio de fondo, es el talón de Aquiles de muchos directivos.

Pero ellos disfrutaban, se sentían protagonistas indiscutibles y superaban su ansiedad ofreciendo un espectáculo junto con sus amigos y compañeros que despertaba rabiosos aplausos entre la entregada audiencia. Los alumnos de pedagogía curativa –educación especial para que nos entendamos–, eran el alma de la escuela y por y para ellos, merecía la pena seguir en la lucha.

Cuando ya no cupimos en las aulas de Los Arroyos, nos mudamos a Colmenarejo, y fue entonces, con más de cuarenta alumnos y lista de espera, cuando nos vimos obligados a hacernos visibles para mostrarnos al mundo.

A través de un contacto personal que se implicó en la causa como si la vida le fuera en ello, conseguimos una entrevista con un representante de la Consejería de Educación de Madrid. A la reunión acudimos Ana y yo, no tanto porque la cita se consiguió a través de nosotros, sino porque éramos los más preparados para el caso. Ana estrenaba su flamante carrera en audición y lenguaje y ambos habíamos trabajado minuciosamente la documentación del proyecto para conseguir financiación y presentarla a los organismos pertinentes. Éramos conscientes de que nos estábamos jugando la permanencia a cara o cruz y que todas las esperanzas estaban puestas en las acciones que se derivasen de esa reunión.

Nos vestimos con nuestras mejores galas y nos dirigimos al lugar del encuentro, donde se nos recibió en un despacho abarrotado de papeles. Me sorprendió tanta austeridad; en un organismo oficial esperaba ver grandes despachos con largas mesas de maderas nobles tras interminables pasillos, pero la pequeña sala me resultó más familiar y cómoda. El representante de la Consejería se mostró amable en todo momento, dispuesto a escuchar y, para nuestro agrado, dispuesto a colaborar también. Sus primeras palabras fueron muy directas:

–¿Cómo se os ocurre tener cuarenta y cinco niños sin escolarizar? –Nos dijo incrédulo y con cierto tono de reproche.

–No ha sido fácil, lo hemos intentado muchas veces pero nadie nos ha considerado un asunto prioritario. Nuestra única intención es empujar con todas nuestras fuerzas este proyecto y dar todos los pasos necesarios para legalizarlo –contesté, consciente de que, como en muchas otras negociaciones de trabajo, esos primeros minutos marcarían el curso del resto de la reunión.

Es cierto que habíamos vagado por los ayuntamientos de la sierra noroeste en busca de terrenos aptos para nuestro proyecto. Pero, más allá de las buenas palabras y los deseos de éxito, nadie nos tomaba en cuenta. Como fantasmas nos movíamos de un lado a otro buscando ayudas que nunca llegaron. Demasiado ocupados en salir en la foto, los alcaldes sólo sonríen si los intereses les son favorables y estaba claro que nuestro proyecto pocos votos podría reportarles.

Afortunadamente todo transcurrió sin incidencias esa mañana, y allí mismo, en una conversación con los planos de la finca desplegados sobre la mesa, Ana y yo comenzamos a sentar las bases de la nueva escuela mientras explicábamos la distribución de las aulas y escuchábamos sus recomendaciones iniciales para agilizar los trámites.

Así nació Artabán, la primera escuela Waldorf con una línea de educación especial y pedagogía de apoyo que albergaba a un grupo heterogéneo de niños en sus intereses, capacidades, dificultades y talentos, y cuyo objetivo final era la creación de entornos de trabajo para la madurez de nuestros hijos.

Salir a la luz era imprescindible, pero también suponía entrar en la mazmorra de la burocracia y perder la atractiva libertad de la que gozábamos. Sin embargo, era también garantía de continuidad y crecimiento y quién sabía si finalmente tendríamos la posibilidad de desarrollar los talleres ocupacionales que tanto deseábamos.

Apuntes del diario. Sábado 17 de diciembre de 2011

Hoy estoy en casa. Quizás sea esta la primera vez que no me encuentro de viaje mientras escribo desde que comencé el diario hace ya casi doce años. ¡Cuántas cosas han pasado y qué tiempos tan interesantes estamos viviendo ahora! Cada vez veo más claro que es la vida la que nos prepara el camino y nuestro papel es casi de ejecutores con limitada capacidad de influencia.

Esta mañana, en lo más profundo del cajón de mi mesilla de noche, encontré de nuevo mi diario. Ha pasado allí los tres últimos años, encadenado a su gomita negra, escondiendo celoso su contenido. Cuando lo cogí olía a polvo y oscuridad y, sin darme cuenta, lo estaba leyendo. Es inevitable, cada vez que repaso esta pequeña parte de mi vida me emociono y me veo obligado a interrumpir la lectura ante recuerdos tan profundos y personales. Me enorgullece pensar que todo lo allí escrito es cierto y que estos años de aprendizaje han forjado el hombre que soy hoy. No creo que complazca a todo el mundo, pero no importa si aquéllos que de verdad creen en mí son los que me quieren. Espero haber ganado esa batalla.

Fuera vivimos una crisis sin precedentes que nadie previó ni supo anticipar. Miles de vidas se están derrumbando en su pequeño día a día. Incontables penurias y tristes historias de familias que no podían imaginar lo que se les venía encima. Qué difícil es construir un sueño y con qué facilidad se derrumba. Hay que vivir cada día como si fuera el último.

Los chicos crecen sin parar. Sin apenas darnos cuenta se han hecho mayores. Comienzan a tener necesidades propias de la adolescencia y nos damos cuenta de que necesitan otros apoyos. Hemos cumplido concienzudamente con el compromiso de dirigirles durante su infancia y nos hacemos cargo de la importancia que tiene empezar a separarnos de ellos para que puedan encontrar el camino que les permita vivir su propia vida.

No podemos hacerlo todo. Una experiencia de Eva en casa de su bisabuela nos abrió los ojos y en ese momento supimos que debíamos apoyarnos en otros profesionales.

A principios de septiembre de 2010, cuando de nuevo nos acomodamos a la rutina que sigue a las asilvestradas vacaciones de verano, planeamos una visita familiar a Ciria, un pequeño pueblo soriano donde, cada año, mi suegro insiste en reunir a la familia en la vieja casa que fuera de su madre. Allí nos encontramos sus hijos y sus nietos para sellar definitivamente el periodo estival antes de enfrentarnos al atareado contraste del otoño. No viajábamos muy convencidos. Aquella tarde de viernes lucía gris, tanto que dolían los ojos, y el pronóstico del tiempo anticipaba un fin de semana tormentoso, cargado de agua y viento. Olía a moho y a ozono y el viaje, en la oscura y pesada tarde, nos pareció más largo de lo habitual.

Ciria es un pueblo pequeño situado a unos cincuenta kilómetros de Soria al que se accede por una estrecha y escarpada carretera entre campos de trigo y cebada. A su izquierda quedan, sobre la pared vertical de la colina más alta, las ruinas del castillo del condestable Álvaro de Luna, que debió servir como fortaleza defensiva en la Edad Media, por su reducido tamaño y el alcance de sus increíbles vistas de la meseta soriana.

En los veranos el pueblo se llena de gente pero en la época en la que nos acercábamos ya sólo permanecen sus escasos cien habitantes que se preparan para el frío y seco invierno alrededor de la ermita de la Virgen de la Serna, de la que cuentan se manifestó en numerosas ocasiones.

La casa de mi suegro es una casa vieja, en la amplitud del concepto viejo. A pesar de haber realizado obras de reforma que evitaran su hundimiento, mantiene, especialmente en las habitaciones de las plantas superiores, el aspecto tenebroso de los caseríos de las películas, más incluso por la acumulación de viejos y polvorientos muebles y de iconos religiosos apoyados en las paredes unos contra otros. La llave de la puerta principal es del tamaño de mi antebrazo y el pasador interior necesita de las dos manos para poder cerrarlo completamente. Los suelos irregulares de cemento mantienen inclinaciones imposibles y a las habitaciones se accede por una escalera de peldaños de piedra, gastadas y combadas por el arrastre de los años y excesivamente altos para unas piernas infantiles.

Pero, en fin, es la casa de mi suegro y él, con toda la lógica devoción hacia lo que fue el hogar de su madre, se empeña en reunirnos a todos allí al menos una vez al año.

Cuando aterrizamos en el crepúsculo de la tarde ya habían llegado los dos hermanos de Ana con sus parejas e hijos. Seríamos trece personas para repartir las habitaciones. Tratamos en todo momento de ayudar a Eva a elegir el mejor sitio para ella puesto que la oscuridad no es su mejor aliada y todos lo sabíamos. Le había costado un largo rato cruzar el umbral de la puerta de la casa. El olor a polvo y viejo le impresionó tanto como el destartalado descansillo de la entrada. No se atrevía a entrar. Pensé que la aventura no podía salir bien.

Necesitábamos una habitación con enchufes para mantener una luz auxiliar encendida toda la noche pero el sistema eléctrico de la casa era viejo y antiguo y los interruptores de botón que colgaban de los cabeceros de las chirrionas camas eran el único medio disponible para alumbrar las habitaciones. Tampoco había enchufes.

Finalmente elegimos la habitación más cercana a la calle, aquélla que podía hacer sentirse a Eva más segura. Ana y Álvaro dormirían en la estrecha cama sobre el gastado colchón de lana y Eva y yo tiramos dos colchones sobre el barniz rojo teja del irregular suelo. No conseguía entender cómo se puede hacer un piso con diez o quince grados de inclinación sobre la horizontal. El obrero debió beber mucho aquel día.

Bajamos a cenar, y al calor de la zona común, modernizada por la primera reforma, Eva comenzó a sentir la confianza necesaria para comer y reír con sus pequeños primos antes de subir a dormir. Álvaro también disfrutaba de la compañía de sus primos mientras jugaban a echarse unos encima de los otros en el sofá del salón.

Fuera el tiempo se complicaba por segundos y parecía inevitable la tormenta eléctrica que se estaba formando tras los nubarrones que precipitaron la noche. Cansados del viaje, decidimos acostarnos pronto para aprovechar el día siguiente. Pero algo no marchaba bien. Eva no dejaba de buscar salidas al exterior, escudriñando las puertas y ventanas de la casa, vigilante, mientras entre todos tratábamos de restar importancia a la noche que se avecinaba. Nos dirigimos a la habitación.

De pronto se fue la luz. Durante unos segundos el pueblo se quedó completamente a oscuras. Eva comenzó a llamarme con la respiración acelerada. Un destello azul iluminó la estancia y se perfilaron nuestras siluetas buscándonos en la negrura del cuarto. Uno, dos... y un terrible estruendo resonó en el pueblo como si el castillo se hubiese derrumbado colina abajo.

Eva buscó una ventana en medio de la desesperación y la encontró en la escalera. Se aferró a la reja y miró a la calle sin atreverse a volver la cara hacia la casa. Respiraba ansiosamente, sin control, con el miedo reflejado en sus ojos, como si se encontrase sola en un barco a la deriva en medio de una tempestad.

Mientras, mi suegro trataba de restablecer la luz y el resto buscaba linternas entre las maletas aún cerradas.

Intentamos alejarla de la ventana, de los rayos y de los truenos que se repetían en cortos intervalos de tiempo. Pero no se soltaba. Cada vez más nerviosa comenzaba a mostrar signos de ansiedad. Impotentes, nos empezamos a preocupar. La noche no había hecho más que empezar y desde luego no resultaba viable coger el coche y salir del pueblo.

Tras unos minutos interminables la luz volvió a la casa. Eva no se relajaba aunque el fuerte vendaval alejaba con rapidez la borrasca. Había perdido la confianza y el pavoroso rato anterior la mantenía atenazada, sellada a la ventana repitiendo que quería salir, volver a su casa, a su cálida y conocida habitación donde la luz no se va nunca.

La última vez que pasé una noche en vela fue mientras estudiaba un examen de publicidad en el último año de carrera. Fue la mayor empollada de mi vida, pero aquel día, a pesar de la cafeína, al menos conseguí dormir un par de horas. No recuerdo otra igual. Hice el examen adormilado, con la cabeza embotada y el estómago ardiendo a causa de las patatas fritas, el café y el tabaco.

Aquel recuerdo se proyectó en mi memoria una y otra vez ayudándome a soportar el sueño que se empeñaba en vencerme mientras mi mente luchaba por no dejar a Eva sola. La noche fue interminable, mientras todos dormían después de la tormenta Eva no cerró los ojos ni un minuto, incluso con la cimbreante bombilla encendida sobre nuestras cabezas, por miedo a despertar y volver a encontrar todo a oscuras. No soltó mi mano en toda la noche. Yo notaba la suya sudorosa y la miraba y le acariciaba el pelo mientras ella me repetía:

—Mañana nos vamos papá, ¿verdad? —Y yo le prometía quo oí, quo aoí oería, quo intontaoo dormir un poco.

Pero no lo hizo, ni yo tampoco. Ni un solo segundo hasta la mañana siguiente, hasta que con la luz del alba consiguió cerrar los ojos y descansó un lapso pequeño de tiempo.

Bajé a la cocina y me encontré con mi suegro preparando el primer café del día.

—Buenos días, ¿qué tal has dormido? —Preguntó amablemente, como si nada hubiese pasado la noche anterior.

—Ésa no es la pregunta correcta. —Fue toda mi respuesta. Tajante y seca, pero no pude contestar nada diferente. Él entendió que no debía seguir investigando las causas y no hizo más preguntas.

Esa misma mañana recogimos las maletas y volvimos a casa. Si mi suegro Santiago quería que volviésemos alguna otra vez tendría que acondicionar la vieja residencia familiar. Y así lo hizo.

Nos dimos cuenta de que nuestro exclusivo esfuerzo ya no era suficiente.

Los años posteriores a 2007 transcurrieron sin grandes sobresaltos. Con un trabajo absorbente y estable y una vida feliz, siempre fiel a mis convicciones y valores.

El panorama político y económico se enrareció y a mediados de 2007 comenzó una crisis económica asoladora, gestionada mal y tarde, que dura ya demasiado y que arrasó en los primeros años millones de puestos de trabajo dejando a España a los pies de los caballos, frente a un abismo del que sólo se puede salir trabajando con voluntad de hierro y con sacrificios por parte de las clases medias. Al mismo tiempo, el terrorismo de ETA languidecía y se abría paso el final de la lucha armada después de treinta años de crueldad en España. Mientras, se asentaba definitivamente otra forma de terror como el nuevo enemigo del orden mundial: el de unos pocos fanáticos que cruelmente decapitan y queman vivos inocentes en nombre de su propia locura. Pero la vida sigue su imparable camino y en él nos movemos con un poco de planificación y mucha fe.

Álvaro y Eva han abandonado la niñez, despacio pero con paso firme. Ana y yo les seguimos acompañando hasta que ellos puedan seguir el camino solos. Experimentan los cambios propios de su edad y comienza a definirse su personalidad, su sexualidad, su seguridad... Todo se está removiendo en su interior, aunque permanecen inamovibles su integridad, su bondad, su voluntad, su humildad y su amor sin condiciones por la familia. Han cambiado de colegio pues, al final, no encontramos los medios para acabar el proyecto y todo quedó reducido a una escuela inclusiva de primaria, que sigue su camino sin nosotros. Imagino que así estaba escrito y así tenía que ser. Encontraremos otras oportunidades.

Al mirar atrás, me doy cuenta de que ambos han crecido con normalidad, haciendo las cosas que todos los niños hacen, jugando, aprendiendo y disfrutando de su infancia y sus etapas vitales con sus familiares y amigos. Sus carencias no les han supuesto barreras para crecer felices. En todo momento han buscado entre sus capacidades las herramientas necesarias para cumplir sus sueños. Son conscientes de quiénes son y su seguridad en sí mismos les hace imparables.

No somos estúpidos, ni vivimos sobre una nube de algodón, sabemos lo que hay y lo trabajamos permanentemente. En ocasiones lamentamos que nunca podrán hacer lo que a nosotros nos fue accesible en nuestra juventud: estudios en el extranjero, noches de discoteca y diversión, universidad, chicos y chicas, coches, copas... Sin embargo, acercando la lupa a la realidad, tampoco les falta nada de eso; de otra manera lo tienen todo y acabarán viviéndolo con plena libertad.

Mis hijos son el mejor libro de la vida que podemos escribir. Le han dado sentido, se han constituido en la respuesta a la pregunta de la existencia. Ni Ana ni yo entenderíamos la vida sin ellos y cualquier sacrificio presente y futuro merecerá la pena.

Ana es maravillosa. Me sigue sorprendiendo su entereza, muy superior a la mía. Continúa investigando cómo mejorar la calidad de vida de todos nosotros a través de la alimentación y la salud. Su tenacidad y su fuerza son la cadena de transmisión de la alegría en esta casa. No alcanzo a recordar la última vez que discutimos seriamente. A su lado se respira tranquilidad. La tranquilidad que transmite su aura.

En cuanto a mí, me siento más maduro y paciente. Dispongo de espacio para pensar, para estudiar, para crear, para contactar con amigos, espacio para mí. Por primera vez en mucho tiempo me siento muy libre para replantearme mi vida. Volví a las aulas de los negocios en 2010 a cursar un nuevo programa de Dirección General mientras cambiaba de trabajo y ponía en marcha una nueva iniciativa emprendedora que no salió bien. Pero no importó. Me quedé con el poso del aprendizaje, quemando etapas y recogiendo los frutos de lo bueno que surgió de esas experiencias.

En el momento en el que escribo es ya agua pasada; me he deshecho de todo, pesaba demasiado y no me concedía libertad para moverme a mis anchas. He partido mis deseos entre la familia y mi trabajo desprendiéndome de empresas y proyectos de escuela y centrándome en lo verdaderamente importante.

Pero conozco mi espíritu inquieto e insatisfecho y sé que pronto me veré envuelto en nuevas aventuras. Quién sabe, quizás escriba un libro.

9

El principal objetivo de la vida es vivir con rectitud,
pensar con rectitud, actuar con rectitud.
Cuando concentramos toda nuestra atención en el
cuerpo, el alma languidece.

GANDHI

Apuntes del diario. Febrero de 2015

Cuando repaso esta historia, me doy cuenta de que estoy reflejando una filosofía de vida, una forma de entender las cosas que no tiene tanto que ver con la discapacidad. Álvaro y Eva no son la razón exclusiva de estas notas; ellos simplemente han sido el vehículo, los ojos a través de los cuales hemos visto una realidad que nos ha permitido replantearnos nuestros valores y nuestras prioridades.

Ésta es mi última anotación. Con ella sello una larga etapa que comenzó hace quince años. Ya no necesito este diario que tanto bien me ha hecho. Quién sabe si en un futuro habrá otras oportunidades, pero hoy me siento en paz conmigo mismo.

Cada vez transcurre más tiempo entre un apunte y otro y ya sólo cojo el diario cuando la casualidad me pone frente a él. Noto que no tengo tanta necesidad de hablar conmigo mismo, y lo que escribo me resulta insulso, casi siempre relacionado con mi trabajo y los constantes vaivenes de la economía. Ahora veo todo muy limpio. En mi mente no quedan resquicios de tristeza o angustia. Confirmo que Ana y yo hemos alcanzado el punto de madurez necesario para finalmente vivir con plenitud de conciencia la discapacidad de Álvaro y Eva.

Conscientes de la obligación que tenemos de ayudar a nuestros hijos a vivir una vida completa, hemos encontrado la ayuda profesional necesaria para garantizar su autonomía. Un paso más en el camino que conforma nuestro destino.

El sábado 21 de febrero de 2015 fui invitado a pronunciar una charla durante las Jornadas para la Inserción Personal y Social de los Jóvenes de la Asociación del Síndrome X-frágil de la Comunidad de Madrid, celebradas en la Casa de la Cultura del Ayuntamiento de Alcorcón. Expuse a otros padres y educadores la experiencia que para nosotros y para nuestros hijos estaba suponiendo la participación en el programa de autodeterminación:

Buenos días. Me han pedido compartir con todos vosotros mis experiencias acerca de los resultados del programa de autonomía que están realizando mis hijos, Álvaro y Eva, y que comenzaron en 2011, hace ya cuatro años.

Lo hicieron siendo unos niños, con nuestra esperanza puesta en que, a pesar de sus dificultades, serían capaces de culminar muchos retos, simplemente contando con tres sencillos requisitos: la confianza de sus padres, un adecuado apoyo profesional y grandes dosis de paciencia.

Pasados cuatro años, puedo afirmar, sin lugar a dudas, que ha sido todo un acierto y una gran oportunidad para ellos el haber encontrado profesionales cualificados y un programa bien elaborado que les ha permitido vivenciar experiencias en el mundo real y aprender directamente de ellas. Algo que no es fácil para chicos y chicas con síndrome X-frágil.

Empezaré por Álvaro, por ser el mayor. Álvaro tiene ya diecisiete años. Guapetón, fuerte y presumido tras su metro ochenta y cinco de estatura, vive su adolescencia a tope, enamorado de todo lo que se mueve.

Cambió de colegio el año pasado a otro de educación especial, al que ahora acude solo en transporte público. Vosotros mejor que nadie sabéis lo que esto significa. La experiencia no puede ser más satisfactoria para él. Se muestra absolutamente feliz de tener la oportunidad de desplazarse libremente y se siente protagonista y un ejemplo para sus compañeros, con el consiguiente aumento de autoestima y confianza en sí mismo.

En el aula, la profesora le ha utilizado para mostrar a otros chavales lo que puede conseguir uno mismo con los refuerzos y la ayuda necesaria. Ha contado cómo Álvaro por la mañana se queda solo en casa cuando todos los demás ya hemos desaparecido hacia nuestros trabajos, prepara su desayuno, se ducha, saca unos minutos a la perrita al parque, se dirige al autobús tras dejar la casa preparada, y llega solo al colegio. Sin ayuda de nadie. Únicamente inter-

venimos para programar un avisador que le indique la hora en que debe salir de casa. El reloj sigue siendo una asignatura pendiente.

Él lo cuenta orgulloso a sabiendas de que, a pesar del esfuerzo que le ha supuesto, también le ha permitido disminuir sus temores y conocer mejor sus habilidades y limitaciones en situaciones de la vida cotidiana.

Los logros se han obtenido paulatinamente, sin ninguna prisa por nuestra parte, y lentamente él ha ido afianzando habilidades que en un principio parecían lejanas. Pero gracias sobre todo al espíritu de superación que desde niño le caracteriza, a los objetivos planteados en el programa de autonomía, a los tutores que le han seguido y, cómo no, a nosotros que también hemos tenido que enfrentarnos a nuestros propios miedos, Álvaro ha conseguido realizar tareas complejas que, cuando era sólo un niño y la vida nos regaló un diagnóstico tan cruel, no pensábamos que fuese a conseguir nunca.

Desde que con tres años empezara en el jardín de infancia, adaptarse a los nuevos entornos siempre ha resultado muy traumático para él, y a partir de ahí toda su vida ha dependido emocionalmente de sus padres. Ahora, cercano a la mayoría de edad, verlo hecho todo un hombre, moviéndose con absoluta soltura por entornos conocidos y que desea conocer, experimentar y vivir con libertad, nos llena de orgullo y nos indica que algo habremos hecho bien para que nuestro hijo sepa manejar sus capacidades y sentirse independiente y libre en el ámbito de sus posibilidades.

¿Qué ha conseguido Álvaro? ¿Qué retos ha superado que puedan ayudar a otras familias a dar pasos al frente?

Comenzó con 13 años conociendo la zona donde vive, Las Rozas, su entorno más cercano. Él ya mostraba muchas ganas de explorar mundo: cogía el autobús con Luis, su tutor, aprendía a pedir ayuda, a localizar lugares y personas a los que acudir en caso de problemas, a usar un carnet de emergencia en caso de extravío, a montar en bicicleta respetando las señales, etcétera. Tranquilamente se amplió su radio de acción y se aventuró a ir a la biblioteca municipal de Las Rozas primero y de Majadahonda después siempre con interés extremo en aprender a hacerlo por sí sólo. Hasta el día en que así fue, porque evidentemente en eso consistía el entrenamiento.

Recuerda su madre con emoción la primera tarde que salió solo de casa con destino a la biblioteca. Ella le observaba desde la ventana acercarse a la parada del autobús pensando dudosa si él cogería el número correcto o aparecería en quién sabe qué pueblo. Pero todo fue bien. Salió y volvió a casa sin problemas, rebosante de alegría y de orgullo, con un subidón de confianza como si acabase de coronar el Everest.

Así comenzó también una nueva etapa en la vida de toda la familia. Álvaro veía posibilidades a su independencia en movilidad y amplió sus intereses, se engrandeció su autoestima... y la vida se nos complicó un poquito más a todos, la verdad. Pero cuando ves crecer con confianza a tu hijo –y si tiene discapacidad con más motivo–, los problemas abren paso a inimaginables oportunidades para avanzar, enterrando los temibles miedos que nos atenazan.

Muy probablemente, si no hubiésemos dado el paso de permitir a nuestro hijo realizar este programa de autodeterminación, hubiésemos frenado su evolución, no nos habríamos aventurado a permitirle hacer muchas de las cosas que hace, le habríamos discapacitado por sobreprotección y le habríamos cerrado puertas que le esperaban abiertas de par en par, impidiéndole avanzar con nuestros propios prejuicios.

Con la evolución del programa y de Álvaro, se fueron complicando los retos: aprendió a bajar solo a Madrid en el autobús, a manejarse en el intercambiador, a coger el metro con su monitor, siempre poco a poco, con confianza.

Después de dos años cambió de tutor e introdujo en su rutina un nuevo compañero de aventuras, Lucas, otro chaval afectado con el síndrome X-frágil, con quien se complementa en sus aptitudes y actitudes. Juntos afrontan situaciones nuevas, aprendiendo uno del otro en una divertida pero instructiva rutina de trabajo. Juntos están aprendiendo a crecer, a moverse, a enfrentarse a la vida. Sin duda no lo hubiesen logrado sin el imprescindible apoyo de los tutores del programa.

Álvaro se ha perdido apenas un par de veces. Cierto es que la primera vez lo hizo sin llevar encima dinero ni documentación alguna. Ni siquiera se había llevado su inseparable teléfono. La coordinación con el colegio funcionó bien y la profesora nos avisó al comienzo de la mañana de que Álvaro no había llegado a clase. Era el último día del curso y la rutina fue distinta. No necesitaba uniforme para un día de fiesta en la clase y ese pequeño cambio le despistó.

Movilizamos a la Policía Local, a la Guardia Civil y nos coordinamos con la empresa de autobuses. Fue nuestro primer gran susto, pero en menos de dos horas ya estaba en la escuela acompañado por un guardia civil de paisano y extrañado porque, según él, no había sido para tanto.

La segunda vez que se perdió lo hizo por causa de un desafortunado cambio en la ruta de los autobuses con el que no contábamos. Esa vez apareció en una urbanización a medio construir, solo, sin nadie alrededor a quien pedir ayuda. Me llamó y me dijo que no sabía dónde estaba. Desde la oficina, acompañándole a través del teléfono, buscamos la placa de una calle y me deletreó un larguísimo nombre. El navegador hizo el resto. Álvaro encontraba recursos para salir adelante y nosotros respirábamos más tranquilos aprendiendo a enfrentarnos también a situaciones indeseadas.

Actualmente continúa trabajando con Lucas y Luis ha vuelto a su vida. Empiezan a moverse por el metro de Madrid, en líneas ya trabajadas, cuando Luis, de repente, sin saber por qué, desaparece y ellos se quedan solos.

Eva comenzó el programa hace tres años. Hasta ahora era la única chica que lo realizaba pero, desde hace un mes, tiene una nueva compañera, Paloma, con la que comparte amistad y experiencias, y encajan francamente bien. Son, la una para la otra, un complemento perfecto.

Eva, «mi cascaritas», tiene catorce años. Preciosa y comestible, vive en la burbuja de la adolescencia infantilmente enamorada de Jose, un amigo de su grupo de ocio que le quita el sueño. Y no sólo a ella (risas).

Por el hecho de ser mujer, las características del síndrome X-frágil difieren en importantes aspectos de los varones.

Eva muestra mayores dificultades en la interacción social, un incontrolable miedo a la oscuridad y es reacia a quedarse sola en ninguna situación. Todo lo contrario que su hermano. Sin embargo, ha mejorado mucho en este tiempo de entrenamiento. El programa le ha permitido creer en sí misma, le ha dado la oportunidad de enfrentarse a situaciones a las que con nosotros nunca se hubiera enfrentado, y es muy consciente de las importantes implicaciones que para ella todo eso tiene, dejando poco a poco atrás las actitudes que la paralizaban para dar paso a pequeños actos de arrojo y valentía, que afianzan sus avances.

Otro rasgo muy condicionante de Eva es la timidez que se manifiesta en un mutismo selectivo del cual es perfectamente conocedora: «si no quiero contar algo, no lo cuento» dice con frecuencia. Le cuesta un mundo iniciar una conversación con sus iguales, así como mantenerla cuando por fin lo ha conseguido. Tiende a relacionarse con niños y niñas más pequeños que ella que le exigen menos autocontrol y concentración. Es quizás por esto que Eva se ha convertido en la heroína de todas sus pequeñas primitas que la buscan y jalean y a quienes ella les da un juego encantador.

Con todos estos precedentes, y tras una desafortunada experiencia una noche de tormenta, su madre y yo entendimos que debía comenzar lo antes posible el programa de autonomía que ya realizaba Álvaro. Y lo hizo siendo muy niña, cuando sólo contaba con once años, con la impagable ayuda de Rebeca, que no sólo es su tutora, sino que al poco se convirtió en su amiga y consejera. Para trabajar únicamente nos propusimos un sencillo objetivo: que Eva empezara a salir al mundo.

Los primeros pasos los dio cerca de casa, siempre acompañada de Rebeca. Cuando se atrevió a salir sola tan sólo a la puerta exterior, no aceptaba ni un mínimo retraso sin volver a casa corriendo y llorando, insegura y ansiosa de verse abandonada en la calle.

Con el tiempo trabajamos ese aspecto tan limitante y crucial y ahora Eva espera a Rebeca en una parada de autobús lejos de casa y lo hace con gran determinación, sabedora de que hay un camino de vuelta. Esto que parece algo sencillo, ha supuesto para todos nosotros un encomiable cóctel de esfuerzo, tiempo y paciencia, pero al final era éste precisamente el paso de gigante que ella necesitaba dar para generar la necesaria confianza que tanto le cuesta adquirir por sí misma.

Para ella es todavía complicado moverse libremente; aún necesita la presencia de Rebeca, y aunque cada vez se le va retirando más el apoyo, aún no tiene la seguridad suficiente para hacer las cosas sin compañía.

En estos meses, además, hemos puesto especial énfasis en sus miedos a la oscuridad y a los ruidos estridentes. Sigue necesitando una luz para dormir, aunque cada vez más tenue. Pero, sin duda, el lugar que le causa más ansiedad es el cine. Ese pasillo de negrura espesa, escasamente iluminado por unos pocos halógenos, representa una travesía por el infierno para Eva. Se queda clavada, mirando al frente y luchando consigo misma diciéndose que no es más que un largo pasillo mientras sus pies, anclados al suelo, no son capaces de responder. De pequeña, hasta aproximadamente los tres años de edad, entraba sin ningún temor, pero a partir de ahí un día dijo que se quedaba fuera y no volvió a intentarlo.

Eva nos cuenta todo lo que le pasa; siempre le hemos dado esa confianza y ella sabe expresar perfectamente lo que en cada momento está sintiendo. El hecho de que sepa identificar qué la atemoriza y por qué es de gran valor para nosotros ya que nos permite poner nombre a sus miedos para poder ayudarla en su camino de superación.

Después de varios intentos, unos fallidos, otros no, siempre contando con Rebeca y con las amigas, por fin Eva es capaz de adentrarse en una sala de cine –aunque aún con reservas–, sentándose donde pueda mirar la salida con el rabillo del ojo y sujetando fuertemente una linterna entre sus manos por si surge la emergencia. Finalmente se relaja y disfruta plenamente de la película.

Quedarse sola en casa es otro de sus grandes retos. Hasta hace tan sólo unos meses no se había quedado nunca sola. Ahora, a ratitos de cinco minutos, conseguimos que nos espere en casa mientras sacamos a Noa al parque. Su hermano le da confianza y con él puede permanecer sin nuestra presencia tiempos más largos. El ordenador y la televisión ayudan a que se mantenga entretenida y se olvide de su soledad por un rato.

Hace unas semanas Ana y yo bajamos a cenar a Madrid. Hicimos la prueba y los dejamos solos prometiéndoles una pronta vuelta. Tres horas después volvíamos a casa. Eso sí, cada quince minutos Eva nos llamaba para preguntar cuándo volvíamos.

La interacción con los demás en entornos normalizados como el autobús, la biblioteca o el simple hecho de preguntar algo en un bar, resulta cada vez más sencillo para ella. Sigue dándole pavor dirigirse a los demás pero cada vez es más consciente de que debe hacerlo para crecer «dándole una patada a la vergüenza», como suele decirle a Rebeca.

En los últimos meses se han ampliado sus expectativas. Eva lee y escribe perfectamente por lo que le resultará más sencillo desenvolverse; está trabajando conjuntamente con Álvaro para volver sin apoyos desde Moncloa en el autobús.

A Álvaro le cuesta aceptar la responsabilidad de cuidar de su hermana pequeña, más por la libertad que le roba que por el hecho de hacerse cargo de ella. Pero él es responsable y sabe lo que eso significa para nosotros y para su hermana.

El curso que viene va a ser para Eva un gran paso en su autonomía; cambiará de colegio por petición propia, quiere estudiar con jóvenes de su edad, se siente capaz de aceptar nuevos retos sociales y es consciente de que va tener que poner todo su empeño en practicar todo lo que ha ido trabajando con Rebeca. Irá con Álvaro en transporte público, y acabará la aventura de Artabán, la escuela que tanto les ha protegido y enseñado a ambos, y que se creó un día, hace ya muchos años, casi gracias a ellos.

Quisiera, para terminar, agradecer a la asociación la oportunidad que está dando a estos chicos y a sus familias. Porque este programa, que comenzó en el año 2006, permite dotarles de las herramientas y habilidades necesarias para participar en la sociedad de manera autónoma mediante entrenamientos repetitivos y personalizados adaptados a sus necesidades y a las de sus familias. Contribuye así a la mejora de la calidad de vida de niños y jóvenes con discapacidad hasta su total inclusión y participación en la sociedad como cualquier ciudadano de pleno derecho. Por supuesto mi más sincero y profundo agradecimiento a los dedicados profesionales de este proyecto por su incondicional esfuerzo y entrega y, sobre todo, por el cariño que desde el fondo de su corazón le ponen a todo lo que hacen con los chicos. Creo que tenemos un programa de lujo en manos de grandes profesionales, que cuentan con toda mi admiración.

Cierro esta charla con una frase que Eva me soltó una noche que volvía enfadado y ofuscado del trabajo y llevé mi frustración a la mesa mientras cenábamos. Eva me miraba con cara de asombro sin decir ni una palabra, y de repente, me interrumpió y atrajo mi atención. Con sus ojos clavados en los míos me dijo, con pasmosa tranquilidad, mientras arrastraba y pausaba algunas palabras:

–Papá, si la vida te da limones, hazte una limonada–...

EPÍLOGO

Eres tú quien tiene que cambiar, no los otros.
SWAMI PRAJNANPAD

Carta a Álvaro y a Eva. Barcelona 7 de julio de 2008

Queridos niños,

Siempre quise teneros. Os quiero incluso mucho antes de que nacierais. Erais mi sueño, quería poder ofrecéroslo todo, poner el mundo a vuestros pies y convertirme en el mejor padre que pudieseis imaginar. Hoy tenéis once y nueve años y Dios sabe que llevo ya once años tratando de cumplir mi sueño. No sé si lo alcanzaré algún día, pero vuestros abrazos, vuestros besos, vuestras palabras siempre cariñosas, vuestra libertad e independencia me hacen suponer que estamos en el camino correcto. Seguiremos andando, haciendo el recorrido juntos y jamás os defraudaré. Estaré ahí ahora, ayer, mañana y siempre que me necesitéis. Aun cuando no esté, estaré.

Os quiero

Toco tierra

Frecuentemente me veo en la tesitura de hablar de mis hijos y de su síndrome. Casi sin excepción, la pregunta «¿qué es el síndrome X-frágil?» se hace inevitable. Se entremezcla la curiosidad con el saber. A estas alturas no tengo inconveniente en dar una breve descripción acerca de ello, sin mucho detalle, a quien me pregunta. Tan sólo para establecer el marco de comunicación y saber de qué estamos hablando. A mi entender es más importante explicar qué implicaciones ha tenido en nuestra vida la aparición de este síndrome y cómo hemos lidiado con sus vicisitudes. Creo que hoy no lo cambiaría por nada porque, de hacerlo, nuestra vida sería muy distinta. Ni mejor ni peor, pero sin duda diferente. La vida nos da la oportunidad de vivirla tan sólo una vez, y nosotros somos felices exprimiendo la que vivimos.

Cuando conocimos del diagnóstico de nuestros hijos cambiaron muchas cosas, pero al margen del largo periodo de aceptación y de las lágrimas derramadas por el sufrimiento del golpe, la perspectiva del tiempo nos ha hecho ver todo lo bueno que nos ha traído. Son innumerables los cambios ocurridos en nuestra forma de entender las cosas, en nuestros amigos, en nuestras familias, en nosotros mismos. Las renuncias que hemos tenido que hacer, todo lo desaprendido para volver a empezar, las relaciones que comenzaron a partir del momento en que fuimos elegidos para esta difícil tarea. Eso nos ha hecho un poco más libres y, sin lugar a dudas, más sabios.

Me cuestiono el término discapacidad. Vivimos en un mundo egoísta y egocéntrico en el que la envidia, la avaricia y la soberbia se entremezclan con total naturalidad. Hemos hecho de este sistema de convivencia algo común, nos hemos acostumbrado a él sin darnos cuenta de que no puede ser normal que sólo nos miremos a nosotros mismos. Enseñamos a nuestros hijos que la selección natural es lo único que importa: sobreviven los más fuertes, los más listos, los más delgados, los más ricos. Y lo peor de todo es que aceptamos este mundo cosmético, lo defendemos y lo integramos en nuestra sociedad hasta el punto de creer que no existe otra concepción posible.

¿Quién no tiene necesidades? En realidad tenerlas es consustancial a la existencia. Quizás, la necesidad nos catalogue a todos como discapacitados, o mejor, quizás entonces todos estemos capacitados para algo, aun reconociendo nuestras propias limitaciones para otras cosas.

Cuando me senté en la mesa para impartir mi ponencia en la Casa de la Cultura de Alcorcón, a mi lado se encontraba un joven sentado en su silla de ruedas con rasgos de una aparente parálisis cerebral. Lo saludé. Lo hice consciente de su discapacidad, hablándole más despacio para poder establecer una comunicación correcta y con un punto de excesiva simpatía. Imaginé que estaba allí para contar, a su manera, su propia experiencia. La presidenta de la mesa le cedió la palabra y le presentó como el Concejal de Asuntos Sociales del Ayuntamiento de Alcorcón. Escondí mi sorpresa para mis adentros, ligeramente avergonzado y le escuché atentamente. Tras su voz ladeada y entrecortada se abría un discurso firme y seguro que arrancó un sonoro aplauso de la audiencia. Cerró su introducción de forma tajante:

—Estoy cansado de oír hablar de discapacitados. No cejaré en mi empeño hasta que se elimine esa palabra y se hable de personas con necesidades especiales. Y punto —concluyó categóricamente.

Fue él quien me abrió los ojos a una reflexión más profunda. Puede que estos niños no sean discapacitados. Tal vez sean ángeles necesarios para mantener en equilibrio la balanza emocional de este mundo. Ángeles bajo un mismo cielo. Ángeles cuyas capacidades son muy superiores a las nuestras: capacidad de entrega sin exigencias, capacidad de amar sin reservas, capacidad de sonreír en cualquier situación, capacidad de perdonar al instante.

Lejos de ver esas imponentes fortalezas solemos sentir lástima de ellos y compasión por sus familiares, nos hace sentir mejor. «Se le quiere más», «no te dejarán nunca», son tópicos habituales. La realidad es que no se les quiere más; se les quiere igual que a otros hijos como no podría ser de otra forma. Lo que ocurre es que la interdependencia con ellos es mayor y, sobre todo, ellos no suelen buscar contrapartidas ni negociar la situación. La aceptan y la disfrutan hasta el final de su vida.

Estar junto a mis hijos es reconfortante, me hace darme cuenta de lo relativo que es todo en este mundo. Y lo hacen con su mera presencia, humilde, tranquila y generosa.

Desconozco qué nos espera, seguro que no será fácil afrontar la etapa adulta, el trabajo, la familia, las relaciones de pareja, la independencia. Pero continuaremos este imparable camino con la ayuda de Álvaro y de Eva en una sociedad cada vez más consciente pero todavía inmadura. Y quién sabe si quizás, cuando ya no estemos nosotros, alguien cercano les facilitará la recta final de su vida y finalizará tan noble misión.

Espero que así sea.

Él es el fuego y el sol; Él es la luna y las estrellas;
Él es el aire y el mar.
Él, ese niño y esa niña; Él es ese hombre
y esa mujer.
Aparece en un número infinito de formas.
No tiene principio ni fin.
Es la fuente de todas las cosas.
Cada ser vivo es distinto y diferente.
Pero si apartamos el velo de la diferencia,
vemos la unidad de todos los seres.

SVETASVATARA UPANISHAD

Eva y Álvaro. Dibujos de Diego Cuéllar.

Síndrome X-frágil

El síndrome X-frágil es un trastorno del neurodesarrollo de origen genético ligado al cromosoma X y representa la forma más común de discapacidad intelectual hereditaria. Afecta a uno de cada cuatro mil varones y a una de cada seis mil mujeres. Se estima que la prevalencia de la premutación es de una de cada 260 mujeres y uno de cada 800 hombres.

La causa que lo origina es la mutación de un gen FMRP-1 situado en la región Xq27.3 del cromosoma X que inhibe la producción total o parcial de la proteína FMRP, cuya ausencia o disminución es la que determina, en mayor o menor grado, la severidad del cuadro clínico del afectado.

Este síndrome presenta una gran variabilidad clínica que va desde dificultades en el aprendizaje o problemas emocionales en sujetos con un cociente de inteligencia normal (cuadro clínico más frecuente entre mujeres) hasta la discapacidad intelectual que puede variar de leve a profunda. Las características clínicas pueden estar ausentes o ser tan sutiles que no deban ser consideradas como indicadores útiles para el diagnóstico de este síndrome.

Los rasgos físicos son muy variables y en muchos casos no aparecen hasta después de la pubertad. Los más característicos son cara alargada y estrecha, orejas relativamente grandes, macroorquidismo, hiperlaxitud articular y paladar ojival entre otras. Sin embargo, son evidentes desde la primera infancia los trastornos de conducta, que suelen ser más leves en las niñas y mujeres afectadas, destacando especialmente la hiperactividad, los trastornos de atención, hipersensibilidad a los estímulos, una timidez extrema, el lenguaje repetitivo, la conducta obsesiva y la baja tolerancia a la frustración. Entre otros aspectos positivos en estas personas cabe señalar que presentan buenas capacidades imitativas y un peculiar sentido del humor.

El retraso del desarrollo psicomotor y en la adquisición del lenguaje son síntomas neurológicos, quizás los más frecuentes en los niños afectados, que suponen las primeras señales de alarma para los padres. Estos trastornos deben ser motivo de consulta al especialista, que valorará la existencia o no del síndrome, que sólo podrá ser confirmado mediante el correspondiente estudio genético molecular.

Las mujeres portadoras de la premutación presentan una posibilidad 10-15 veces superior a la población general de tener una menopausia precoz. En portadores de la premutación con edades comprendidas entre cincuenta y sesenta años, se han descrito temblores cerebelosos con características parkinsonianas y déficit cognitivo. Trastornos que progresan con los años.

El diagnóstico precoz es muy importante, pues posibilita el abordaje terapéutico multidisciplinar de acuerdo a un programa específico individualizado proporcionando la mejora en el aprendizaje y la integración social.

Actualmente el SXF no tiene cura, pero sí se puede mejorar considerablemente la calidad de vida de las personas afectadas.

AGRADECIMIENTOS

Cuando comencé a escribir este libro, mi pretensión fue sencillamente encontrar una línea argumental que me permitiese conectar los puntos temporales que había marcado en mi diario a lo largo de más de una década. En Navidad envié los tres primeros capítulos a mis padres sin previo aviso y, emocionados, me animaron a seguir escribiéndolo. Gracias a ellos, y por su puesto a Ana, quien casi quince años después ha tenido acceso a mis pensamientos más intensos y me ha ayudado con las fechas y la mención exacta de acontecimientos clave para la veracidad de la historia.

También deseo expresar mi agradecimiento a todos aquéllos que, de una u otra forma, han formado parte de esta etapa de nuestras vidas, para bien o para mal. De todos ellos hemos aprendido tantas cosas que necesitaría otro libro para poder contarlas. Vayan por delante mis disculpas para quienes, reconociéndose, no se identifiquen con el personaje. He reflejado la realidad tal y como yo la he vivido, pero ya sabemos que todo es relativo y la posesión de la razón no se encuentra en manos de nadie.

Quiero hacer mención especial a Luis y Rebeca, tutores en esta última etapa de mis hijos, a los padres pioneros de Artabán y a las maestras que valientemente se lanzaron al agua sin flotador y a todos aquellos que han tenido la paciencia de leer los primeros manuscritos y me dieron su sincera opinión sobre lo allí escrito. Todos ellos me han animado a continuar y me han hecho reflexionar profundamente sobre la conveniencia de seguir adelante.

Finalmente quiero expresar a mi familia mi máximo reconocimiento por su apoyo y, cómo no, a Álvaro y Eva, los verdaderos protagonistas de esta historia, la razón más noble de este mundo.

DIEGO CUÉLLAR

Nacido en Madrid el 23 de octubre de 1964. Se licenció en Ciencias Económicas y Empresariales por la Universidad Complutense y cursó un MBA en el Madrid Business School y la Universidad de Houston. Ha realizado dos posgrados en el IESE: PDD 1998 y PDG 2010.

Desde 1998 ocupa posiciones directivas en importantes multinacionales y ha participado como promotor y creador de varios proyectos empresariales.